Herbert Taschler
Fotografie: Udo Bernhart

Südtirol
vegan

CHRISTIAN

INHALT

Vorwort   4

Eine neue, gesunde Küche: vegan, kreativ und erlebnisreich   6

Frisch, einfach & bunt
KURT RESCH, BIOHOTEL STEINEGGERHOF, STEINEGG   21

Historischer und kulinarischer Reichtum
SÜDTIROLER GASTHAUS SAALERWIRT, ST. LORENZEN   32

Das, was wächst, wird geerntet, krumm und schief, aber echt
HANNES RAINER, NATURHOTEL RAINER, JAUFENTAL   45

Südtiroler Backtradition im Herzen von Bozen
JOHANN & ASTRID GRANDI, BÄCKEREI GRANDI, BOZEN   58

Mit allen Sinnen und reinem Gewissen
STEPHAN ZIPPL, STERNERESTAURANT 1908*, OBERBOZEN   64

Bewusst genießen
THEODOR FALSER, GOURMET-RESTAURANT JOHANNESSTUBE*, WELSCHNOFEN   77

Regionalität, Qualität und Gesundheit
EGON HEISS, RESTAURANT PREZIOSO*, MERAN   88

Vegan ist kein Trend, sondern ein Lebensstil
LUCA SORDI, VEGAN HOTEL LA VIMEA, NATURNS   100

Geschmacksharmonie und Aromensymphonie
**LANDESBERUFSSCHULE EMMA HELLENSTAINER,
ARMIN MAIRHOFER & ARTUR WIDMANN, BRIXEN** 113

Konditorin aus Leidenschaft
JULIA RAUCH, PRUNNER LUXURY SUITES, SCHENNA 124

Je einfacher ein Gericht ist, desto besser schmeckt es
MOHAMED MADU HUSSIEN, HUMUS DAS BIO BISTRO, BOZEN 137

Gesundheit und Wohlbefinden
**MARKUS STOCKER & VIKTORIA FORCHER,
L'INSALATINA SALADBAR, MERAN** 148

Vegan und slow: Bewusstes und genussvolles Törggelen
**CARMEN & HANNES AUGSCHÖLL, WEINGUT RÖCK,
VILLANDERS** 159

Die Welt der Pizza ist sehr vielseitig
DANIEL BAUR, PIZZERIA CENTRAL, VILPIAN 170

Register der Rezepte 178
Verzeichnis der Adressen 179
Making-of 180
Impressum 183

VORWORT

Südtirol vegan? Viele werden spontan ein großes Fragezeichen dahinter setzen. Wohl zu Recht. Denn das mag so gar nicht dem klassischen Bild von Südtirols Gastronomie und Kochkultur entsprechen. Tatsächlich: Nach wie vor spielen Speck und Kaminwurzen (geräucherte, luftgetrocknete Rohwurstspezialität), Sonntagsbraten und Bauerngröstl (Pfannengericht mit Kartoffeln und Fleisch), Milch, Butter und Käse eine der Hauptrollen in Südtirols Küche und somit auf den Speisekarten.

In Südtirols Küche hat sich in den letzten Jahrzehnten allerdings so einiges verändert. Die Rückbesinnung auf die eigentlichen Werte im Land – vor allem auf die lokalen Produkte der heimischen Landwirtschaft, auf Qualität und Originalität – steht heute im Vordergrund. Die kulinarische Identität des Landes wird geprägt von einer kreativen, alpin-mediterranen und modern interpretierten Küche.

Unter der Oberfläche ist so manches in Bewegung geraten. Junge Südtirolerinnen und Südtiroler suchen und gehen neue Wege, Köchinnen und Köche denken um und gehen auf die Anforderungen und Wünsche einer neuen Gästeschicht ein, neue, kreative Angebote entstehen …

Auch am Thema pflanzenbasierte Ernährung führt kein Weg mehr vorbei. Immer mehr Gäste erwarten im Restaurant abwechslungsreiche vegetarische und vegane Gerichte. Viele Köche und Köchinnen sind noch auf der Suche nach den richtigen Inspirationen. Immer mehr Gastronomen setzen aber schon jetzt darauf. »Eine pflanzenbasierte Küche ist gut für die Umwelt, die Gesundheit, den Geschmack und meist auch für den Wareneinsatz«, bringt es Bettina Schmid, Ernährungswissenschaftlerin und Leiterin des Gustelier – Atelier für Geschmackserfahrung im Südtiroler Hotelier- und Gastwirteverband – auf den Punkt. Quer über das ganze Land verteilt finden wir heute eine Generation von Köchinnen und Köchen, die neue und kreative Wege geht: auch mit pflanzenbasierten, vegetarischen und veganen Gerichten, mit Charakter und Qualität, mit Kreativität sowie mit viel Gefühl für Ästhetik.

65 vegane Rezepte haben wir für unser Buch »Südtirol vegan« gesammelt: vom einfachen und schnell zuzubereitenden Gericht bis hin zu herausfordernden und anspruchsvollen Tellern – mit spannender Vielfalt und großer Bandbreite. Sie finden Rezepte vom Südtiroler Dorfgasthaus bis zum Sternekoch, vom bäuerlichen Buschenschank (ein Betrieb, in dem der Landwirt seine Erzeugnisse servieren darf) bis zum alternativen Ethno-und Szenelokal. Es war eine spannende Reise, die uns viele Türen und auch die Augen für eine neue, sich wandelnde Südtiroler Küche geöffnet hat.

Wir bedanken uns bei allen Beteiligten für ihre Mitarbeit an diesem Buch, für die gute Zusammenarbeit und die bereitwillige Zurverfügungstellung der Rezepte. Herzlichen Dank an alle für die vielen kulinarischen Highlights, für die spannenden Begegnungen, für die gemeinsamen Erlebnisse und Entdeckungsreisen durch eine neue Südtiroler Küche – vegan und kreativ.

Wir wünschen viel Spaß auf dieser Entdeckungsreise durch die vegane Südtiroler Küchenszene, beim Nachkochen und beim Genießen.

Herzlichst

Herbert Taschler und Udo Bernhart

EINE NEUE, GESUNDE KÜCHE

vegan, kreativ und erlebnisreich

Südtirols Küche vereint heute das Beste aus drei Welten: das Bauern- und Armeleuteessen Tirols, die altösterreichisch-böhmische Tradition und schließlich die Einflüsse der mediterranen und norditalienischen Kochkunst. Sie ist aber auch für neue Tendenzen, Entwicklungen und Anforderungen offen: Am Thema pflanzenbasierte Ernährung etwa führt kein Weg mehr vorbei, auch wenn Menschen Zeit brauchen, um ihre Gewohnheiten und Glaubenssätze zu überdenken und zu verändern.

Bis weit ins 20. Jahrhundert hinein ernährte sich die ländliche Bevölkerung Südtirols mit den lokal und regional verfügbaren Ressourcen. »Knödel, Nocken, Nudeln und Plentn zählen zu den vier Tiroler Elementen«, heißt es im Volksmund. Diese zählen zu den Eckpfeilern der Südtiroler Hausmannskost, einer einfachen Küche, die in der bäuerlichen Koch- und Essenskultur verwurzelt ist. Gekocht wurde vorwiegend mit dem, was Hof und Garten, Äcker, Felder und Wälder hergaben. Die Produkte der jeweiligen Jahreszeit sowie einfache Zutaten diktierten den Speiseplan.

Produkte der bäuerlichen Küche

Zu den traditionellen Nahrungsmitteln des bäuerlichen Speisezettels zählten vor allem Gerichte auf der Basis von Getreide: Weizen und Hafer, Dinkel und Roggen, Buchweizen sowie Polenta. Getreide bildete die Grundlage fürs tägliche Brot, das vielerorts drei- bis viermal pro Jahr in großen Mengen gebacken und anschließend getrocknet aufbewahrt wurde. »Altes Brot ist nicht hart. Kein Brot, das ist hart!«, lautet ein alter Spruch. Getreide war aber auch die Grundlage für diverse Speisen, etwa für einfache Suppen, wie die Mehl- oder Brennsuppe oder die Gerstensuppe.

An Gemüsesorten wurden traditionell Erdäpfel, Kohl, Rüben und Fisolen, die Bohnen, angebaut. Einen hohen Stellenwert hatte dabei der Weißkohl, der zu Sauerkraut und damit zu einem wichtigen Vitaminspender im Winter verarbeitet wurde.

Fleisch wurde meist nur rund um die Schlachttage frisch zubereitet und kam nur an den großen Festtagen auf den Tisch. Verwertet wurde immer das ganze Tier. Nichts wurde weggeworfen. Die Innereien kamen gleich auf den Tisch. Mit dem frischen Blut wurden Blutknödel und Blutnudeln zubereitet. Der Rest wurde zu Räucherwaren verarbeitet, zu Speck und Würsten. Als Kochfett diente in erster Linie Schweineschmalz.

Südtirols Küche war bereits in der Vergangenheit in weiten Teilen eine pflanzenbasierte Küche, die sich an der Natur und am Jahreskreislauf ausrichtete. Wenn wir heute so manche Grundsätze der neuen vegetarischen und veganen Küche anschauen, dann sind wir gar nicht so weit entfernt von dieser vielfach aus der Not heraus gewachsenen Küchentradition.

Ursprünge des Veganismus

Der Veganismus ist aus dem Vegetarismus hervorgegangen. Donald Watson gründete 1944 in Birmingham die Vegan Society und prägte aus dem Anfang und dem Ende des englischen Wortes für Vegetarier – »veg-etari-an« – die Wortneuschöpfung vegan.

In ihrem Manifest vom November 1944 setzte sich die Vegan Society zwei Ziele: »erstens dafür einzutreten, dass die Nahrung des Menschen aus Früchten, Nüssen, Gemüse, Getreide und anderen gesunden, nicht tierischen Produkten besteht und dass Fleisch, Fisch, Geflügel, Eier, Honig, Tiermilch, Butter und Käse ausgeschlossen werden, und zweitens, die Herstellung und Verwendung von Alternativen zu tierischen Rohstoffen zu fördern«.

1951 publizierte die Vegan Society ihre erste Definition von Veganismus als »Leitsatz, dass der Mensch ohne Ausbeutung von Tieren leben soll«.
1962 erwähnt das Oxford Illustrated Dictionary erstmals den Begriff »vegan« und erklärt ihn als »Vegetarier, der keine Butter, Eier, Käse oder Milch isst«.
Seit 1988 definiert die Vegan Society Veganismus folgendermaßen: »Veganismus ist eine Philosophie und Lebensweise, die – so weit wie möglich und praktisch durchführbar – alle Formen der Ausbeutung und Grausamkeiten an Tieren für Essen, Kleidung oder andere Zwecke zu vermeiden sucht und darüber hinaus die Entwicklung tierfreier Alternativen zum Vorteil von Tieren, Menschen und Umwelt fördert. In der Ernährung bedeutet dies den Verzicht auf alle ganz oder zu Teilen vom Tier gewonnenen Produkte.«
1995 erweiterte die 9. Auflage des Concise Oxford Dictionary dessen Definition: Veganer ist demnach »eine Person, die keine tierischen Produkte isst oder verwendet«. Das Merriam-Webster's Collegiate Dictionary beschreibt 2020 einen »Veganer sowohl als Vegetarier, der keine Lebensmittel tierischen Ursprungs konsumiert, als auch als jemanden, der die Nutzung tierischer Produkte insgesamt vermeidet«.
Für Konsumenten gibt es heute drei übergeordnete Gründe, sich für eine pflanzenbasierte, fleischlose Kost zu entscheiden: die Gesundheit, das Tierwohl und die Umwelt.

»Freiwillig wäre ich nicht in ein veganes Restaurant essen gegangen«

Das beichtete der deutsche Dreisternekoch Christian Bau nach dem Besuch im veganen »Eleven Madison Park« von Daniel Humm in New York. Daniel Humm hat sein mit drei Michelin-Sternen ausgezeichnetes Restaurant nach einer längeren pandemiebedingten Pause als komplett veganes Restaurant wiedereröffnet.
Die Einschränkungen einer veganen Küche sieht Blum »als kreative Herausforderung«. Er will beweisen, »dass eine nachhaltige, ressourcenschonende Küche auf hohem Niveau möglich ist«. »Daniel Humm schafft ohne Fleisch, Butter oder Eier eine geschmackliche Dramaturgie, die immer spannend bleibt«, ist Christian Bau begeistert.
»Vegan zu leben, ist nicht ganz leicht, aber es ist viel leichter, als die meisten denken. Nichtveganer vermuten oft, der vegane Lebensstil sei vor allem mit Verzicht und Anstrengungen verbunden. Aber fast alle Veganer und Veganerinnen erleben am Ende die Nettobilanz als positiv. Nicht zuletzt ist einer der größten Vorteile, vegan zu leben, das erleichterte Gewissen.«

Gut für den Gast und gut für die Umwelt

»Wir beobachten in unseren Restaurants, dass die Menschen immer mehr auf ihr Wohlbefinden achten und frische, saisonale Produkte bevorzugen«, bestätigt Florian Patauner, Obmann der Vereinigung »Südtiroler Gasthaus«. Von den Köchinnen und Köchen sind Kreativität und Einsatz gefragt, damit sie ihren Gästen nicht nur bekömmliche, sondern auch abwechslungsreiche Gerichte einer verstärkt pflanzenbasierten Küche servieren.
Genuss und Gesundheit bilden zentrale Eckpfeiler des Angebots. Vegetarische und vegane Menüs auf den Speisekarten werden zunehmend zu einer Selbstverständlichkeit, die auch erwartet wird.
»Gut für das Wohlbefinden des Gastes und gut für die Umwelt«, muss das Motto eines innovativen, zukunftsfähigen Ernährungskonzepts lauten. »Wenn wir kreative, motivierende Maßnahmen setzen, werden wir es schaffen, dass immer mehr Gäste auf pflanzenbasierte Gerichte zurückgreifen«, sind viele Gastgeber überzeugt.

Eine pflanzenbasierte Küche ist nicht nur gut für die Umwelt, die Gesundheit, den Geschmack und meist auch für den Wareneinsatz, sondern wird immer mehr auch von Gästen gewünscht und dementsprechend von Gastbetrieben umgesetzt.

Das erste Vegan-Hotel Italiens

Das Hotel La Vimea in Naturns ist das erste Vegan-Hotel Südtirols und Italiens. »Im La Vimea werden viele Sprachen gesprochen, aber der ›pflanzlichen‹ Sprache räumen wir die höchste Priorität ein«, unterstreicht Hotelchefin Valeria Caldarelli. »Wir verzichten. Und das bewusst. Unser rein pflanzliches Hotel spricht eine einfache Sprache, denn die guten Dinge im Leben sind oft die simpelsten. Unsere Werte? Ländlich, besonnen und ehrlich. Unsere Philosophie? Die Natur und alles, was mit ihr verbunden ist.«

Vegan und biologisch ist im La Vimea kein Trend, sondern ein Lebensstil. Valeria Caldarelli: »Wir alle tragen Verantwortung. Und wir alle sind Natur. Im La Vimea schätzen wir Lebensmittel, die diesen Namen verdienen. Es ist uns wichtig, kleinste bäuerliche Strukturen, wie sie in Südtirol seit jeher gewachsen sind, zu erhalten und zu nutzen. Wir bedienen Gäste, die sowohl gekochte vegane Gerichte als auch Rohkost lieben.«

Pioniere der veganen Küche in Südtirol

Kurt Resch vom Bio & Bike Hotel Steineggerhof in Steinegg ist einer der Vorreiter der veganen Kochkunst Südtirols. Mit seiner Familie hat er 2018 seine Küche radikal auf vegetarisch umgestellt: »Fleisch gibt es seitdem nur noch bei der Hauptspeise. Mit der Zeit kamen immer mehr Veganer zu uns. Das brachte uns zu Beginn etwas in Verlegenheit, weil wir zu wenig über veganes Kochen wussten. Vegan zu kochen, lernte man bisher weder in der Schule noch in anderen Hotels oder Restaurants. Daher haben wir uns in verschiedenen Blogs, Onlinekursen und Büchern informiert und nach und nach viele Gerichte unserem Stil angepasst. Heute haben wir eine breite Palette an coolen Gerichten, um unsere Gäste auch 14 Tage lang täglich mit veganen Gerichten zu versorgen.« Für Kurt Resch besteht »in der veganen Küche der größte Aufwand im Wissen. Beim Wareneinkauf spart man mit veganer Küche, weil tierische Bioprodukte, besonders Biofleisch, viel kosten.«

Die Südtiroler Tierrechts- und Umweltaktivistin Magdalena Gschnitzer steht für eine klare Botschaft: »Mit unserer Ernährungsweise zerstören wir unser eigenes Zuhause und essen der nächsten Generation die Zukunft weg, Bissen für Bissen. Ich finde, das ist nicht fair. Nicht nur gegenüber den Tieren und dem Planeten nicht, sondern auch nicht gegenüber den Kindern von heute. Sie müssen schließlich mit den Fehlentscheidungen ihrer Eltern leben. Ich bin der Meinung, die Kinder haben es sich verdient, auf eine schöne Zukunft zu vertrauen, genau wie die Tiere sich ein friedliches Leben verdienen.« Und sie fügt hinzu: »Wir können die Natur nicht wirklich schützen, wenn wir nicht bereit sind, unseren Konsum von tierischen Produkten völlig neu zu überdenken.«

Im Juli 2022 fand in Meran das erste vegane Südtiroler Festival »Meran vegan« statt. »Das Leben und damit die Welt neu denken, und zwar vegan«, diesen Anspruch stellen sich Nina Duschek und Daniel Felderer, die beiden Organisatoren des Festivals unter der Schirmherrschaft des Jugenddienstes Meran: »Vegan ist für uns nicht einfach nur flott oder cool. Wir sind gegen Tiermissbrauch, und zudem ist vegan besser für Umwelt und Gesundheit.«

Im Dezember 2022 eröffnete die Landeshotelfachschule Bruneck das erste vegane Restaurant Vegabula im Brunecker Rathaus – mit einer rein veganen Speisekarte. Wie facettenreich Gerich-

te sein können, die mit regionalen Produkten nicht tierischen Ursprungs zubereitet werden, das zeigt das Schüler-Küchenteam mit Kochfachlehrer Christof Hellweger. »Die Gerichte schmecken auch Nichtveganern sehr gut. Man muss sich nur darauf einlassen.« Das vegane Restaurant sei ein Experiment, das vielen Erfordernissen unserer Zeit gerecht werde, unterstreicht Schuldirektorin Marlene Kranebitter: »Ganzheitliche Ausbildung, Sensibilisierung für Vielfalt, über den Tellerrand hinausschauen und hinausdenken und wohl auch gemeinsam Zukunft gestalten.«

Neues zu wagen, dazu ruft auch der Präsident des Südtiroler Köcheverbandes, Patrick Jageregger, seine Kolleginnen und Kollegen auf: »Vielfalt ist das Gebot der Stunde. Vielfalt steht für unterschiedliche Gastro-Philosophien, für die Vielfalt der Produkte und der Rezepte, der Kochtechniken und der Aromen, der Lebens- und Ernährungsweisen sowie für die Akzeptanz von Andersdenkenden. Ich appelliere und ersuche alle, dass wir ›Neues‹ zulassen, dass wir ›Neues‹ wagen und auch fördern.»

Kulinarischer Reichtum

»Die Stärke der Gastronomie Südtirols liegt heute im Dialog mit anderen kulinarischen Kulturen. Essen und Trinken sind jene Bereiche, wo Begegnung nicht als Gefahr, sondern als Bereicherung begriffen wird«, ist Paul Rösch, ehemals Direktor des Landesmuseums für Tourismus in Meran, überzeugt. Das Zusammentreffen der verschiedenen Kulturen, sowohl kulinarisch als auch menschlich, stellt einen unermesslichen Reichtum dar. Aus diesen großen Ressourcen schöpft Südtirols Küche heute.

Ein Reichtum Südtirols sind auch seine wertvollen und hochqualitativen heimischen Produkte, die unverwechselbare Identität und einen unverwechselbaren Geschmack garantieren. Südtirols Landwirtschaft ist vielfältiger, nachhaltiger und regionaler geworden und besinnt sich auf ihre Wurzeln und ihre wahren Stärken. Kreative Ideen rund um Anbau, Aufzucht, Verarbeitung und Veredelung der Produkte ziehen immer weitere Kreise. Wiederentdeckung des Lokalen, Erhalt der Artenvielfalt, Verwendung von biologischen und Null-Kilometer-Produkten, Entschleunigung des Lebens … das sind keine reinen Schlagwörter mehr.

Eine gute Küche macht glücklich

Entscheidend bei alledem aber ist und bleibt: Eine gute Küche zeichnet sich vor allem durch qualitativ hochwertige Produkte und frische Zutaten aus, auch durch Experimentierfreude und Liebe zum Detail. Durch Tradition und Innovation, bodenständiges Verwurzeltsein und kreativen Aufbruch. Sie kann einfach sein oder raffiniert oder beides in einem. Vor allem aber: Gute Küche muss schmecken, gesund sein und Spaß machen! Sie muss glücklich machen. Gesundheit, Genuss und Wohlbefinden – das gilt für jede Küche. Für die Südtiroler Küche ganz besonders.

Frisch, einfach & bunt

KURT RESCH BIOHOTEL STEINEGGERHOF, STEINEGG

Kurt Resch, Hausherr und Küchenchef, ist seit 2018 für das leibliche Wohl der Gäste im Steineggerhof verantwortlich: »Wir haben unsere Küche auf den Kopf gestellt und damit angefangen, uns intensiv mit der veganen Küche zu befassen.« Die Steineggerhof-Küche ist heute »kreativ, frisch, modern, kräuterverliebt, naturverbunden, bunt und gesund«. Ihr Schwerpunkt liegt auf veganen Speisen, regional-saisonaler Küche und Südtiroler Gerichten.

Täglich frisch gepflückt, sorgen Kräuter aus dem eigenen Permakulturgarten für Geschmack und feine Aromen. Verarbeitet werden nur gesunde und frische Lebensmittel, die frei von chemischen Pestiziden und zu 100 Prozent biologisch sind. Außerdem wird darauf geachtet, dass so viele Zutaten wie möglich aus Südtirol kommen. 85 Prozent der Gerichte am Steineggerhof bestehen aus rein pflanzlichen Produkten: »Das ist kein Verzicht, sondern purer Genuss!«, ist man hier überzeugt.

In der Küche wird so viel wie möglich selbst gemacht. Es wird fermentiert, Säfte werden gepresst, es wird eingeweckt, Konfitüren werden eingekocht, Brot gebacken, Essig hergestellt – und vor allem eines: viel experimentiert. Sohn Tommy ist Lebensmitteltechniker, hat schon immer gern in der Küche experimentiert und viele neue Rezepte ausprobiert.

2021 kam das erste Steinegger-Kochbuch im Eigenverlag auf den Markt: »Unser veganes Kochbuch« – eine Sammlung von 130 Rezepten, die im Laufe der Jahre am Steineggerhof erprobt und entwickelt worden sind und bei denen fast ausschließlich regionale Produkte vorkommen und nur wenige Zutaten benötigt werden.

Kurt Resch: »Wir sind fest davon überzeugt, dass die vegane Küche kein bloßer Trend oder eine Phase ist, sondern die Zukunft. Der Umwelt zuliebe, den Tieren zuliebe und unserer Gesundheit zuliebe.«

BIOHOTEL STEINEGGERHOF, FAMILIE RESCH
Bühlweg 14, 39053 Steinegg,
Tel. +39 0471 376573,
www.steineggerhof.com

Antipasto mit Karottencreme, Auberginen und Zucchini

Dieses herrlich frische Antipasto-Gericht ist ohne großen Aufwand zuzubereiten und schmeckt trotzdem vorzüglich. So einfach kann vegane, regionale Küche sein.

Für 4 Personen ▲ **Zubereitung:** 20–30 Minuten ▲ **Kochzeit:** 40–50 Minuten ▲ **Schwierigkeitsgrad:** leicht

Zutaten

Für die Karottencreme
130 g Karotten
30 g Zwiebeln
etwas Raps- oder Olivenöl
Salz
40 g Sonnenblumenkerne

Für die Gemüsescheiben
1 große Aubergine
1 große Zucchini
etwas Sesamöl
Olivenöl
Balsamicoessig
Salz
frisch gemahlener schwarzer Pfeffer

etwas Raps- oder Olivenöl
Rauchwürzöl nach Belieben
Blüten und Kräuter zum Garnieren (nach Belieben)

Zubereitung

Den Backofen auf 180 °C vorheizen (Unter-/Oberhitze). Für die Karottencreme die Karotten putzen und waschen, die Zwiebeln schälen und vierteln. Beides auf ein Backblech legen, mit etwas Raps- oder Olivenöl beträufeln und mit etwas Salz bestreuen. Im vorgeheizten Ofen etwa 40 Minuten backen. Die Karotten sollten leicht Farbe annehmen und weich werden, die Zwiebeln nicht zu dunkel werden. In der Zwischenzeit die Sonnenblumenkerne in einer Pfanne ohne Öl anrösten.

Für die Gemüsescheiben Aubergine und Zucchini waschen, die Enden abschneiden. Beides in etwa 1,5 cm dicke Scheiben schneiden. Die Auberginenscheiben salzen und auf einem Teller ungefähr 20 Minuten ziehen lassen. Sesamöl in einer Grillpfanne erhitzen und Zucchini- und Auberginenscheiben portionsweise darin braten, herausnehmen und abkühlen lassen. Mit Olivenöl, Balsamicoessig, Salz und Pfeffer 30 Minuten marinieren.

Karotten, Zwiebeln und Sonnenblumenkerne in einen Mixer geben. Nach und nach etwas Raps- oder Olivenöl und Wasser dazugeben und das Ganze cremig mixen. Nach Belieben etwas Rauchöl dazugeben und mit Salz und Pfeffer abschmecken.

Die Gemüsescheiben auf vier Teller verteilen und aufeinanderstapeln, wobei die größten Stücke zuerst auf die Teller kommen. Mithilfe von zwei Löffeln eine Nocke aus der Karottencreme formen und diese vorsichtig auf die Gemüsescheiben legen. Je nach Belieben mit Blüten, Kräutern oder gegrillten Karottenscheiben dekorieren.

Polentacremesuppe

Polenta, oder »Plent«, wie die Südtiroler sagen, ist sehr vielseitig und in der nördlichsten Provinz Italiens meist in Kombination mit Käse und Pilzen zu finden. Aber auch für eine Suppe eignet sich der Plent richtig gut. Er ist vor allem für kühle Herbsttage oder für den Winter perfekt. Sehr fein schmeckt ein Klecks Kräuterpesto dazu.

Für 4 Personen ▲ **Zubereitung:** 15 Minuten ▲ **Kochzeit:** etwa 4 Stunden ▲ **Schwierigkeitsgrad:** leicht

Zutaten

120 g Gemüsereste und -abschnitte
(z. B. Kohlrabischalen, Zucchiniabschnitte, Zwiebelschalen, Rote-Bete-Schalen, Kohlblätter, Karottenabschnitte)
etwas Rapsöl
800 ml fertige Gemüsebrühe
60 g Polenta
Salz
frisch gemahlener schwarzer Pfeffer
Misopaste nach Belieben

Zubereitung

Die Gemüsereste grob zerkleinern, etwas Rapsöl in einem großen Topf erhitzen und die Gemüsereste gut darin anbraten, bis sich ein dunkler Bodensatz bildet: Das Gemüse darf hierbei auf keinen Fall schwarz werden, sonst wird die Brühe bitter. Mit etwas Gemüsebrühe oder Wasser aufgießen und einkochen lassen. Diesen Vorgang noch zweimal wiederholen. Dann mit der restlichen Brühe aufgießen und das Ganze etwa 3 Stunden köcheln lassen. Das Gemüse sollte immer mit Brühe bedeckt sein, bei Bedarf also noch etwas Wasser dazugeben. Anschließend die Brühe abseihen.

Die Gemüsebrühe in einem Topf aufkochen. Die Polenta mit einem Schneebesen langsam in die Brühe einrühren. Mit Salz, Pfeffer und nach Belieben mit Misopaste würzen. Die Suppe etwa 1 Stunde köcheln lassen. Heiß servieren.

Kräuterknödel auf Champignonsauce

Knödel gehören auf jede Südtiroler Speisekarte. Eine der vielen Varianten ist immer anzutreffen: egal ob klassische Knödel, mit Roter Bete, als Serviettenknödel oder als süßer Nachtisch. Zum Glück sind sie ganz einfach zu »veganisieren«. Wichtig bei diesem Rezept ist, dass Sojamilch verwendet wird, andernfalls zerfallen die Knödel.

Für 4 Personen ▲ Zubereitung: 40 Minuten ▲ Kochzeit: 20 Minuten ▲ Schwierigkeitsgrad: mittel

Zutaten

Für die Knödel
70 g Zwiebeln
etwas Raps- oder Olivenöl
50 g frische Kräuter nach Wahl
110 g helles Knödelbrot
   (gewürfeltes altbackenes Weißbrot)
130–160 ml Sojamilch
2 EL Weizenmehl Type 405

Für die Champignonsauce
1 geh. EL vegane Margarine
1 geh. EL Weizenmehl Type 405
250 ml pflanzliche Milch
Salz
frisch gemahlener schwarzer Pfeffer
80 g Zwiebeln
etwas Raps- oder Olivenöl
200 g Champignons

Kräuter und Blüten zum Garnieren (nach Belieben)

Zubereitung

Für die Knödel die Zwiebeln schälen, in kleine Würfel schneiden und in etwas Öl in einer Pfanne goldbraun anschwitzen. Die Kräuter waschen und klein schneiden. Alle Zutaten für die Knödel in einer Schüssel vorsichtig vermengen, die Zwiebeln untermengen. Die Masse 15 Minuten ruhen lassen. Sollte sie zu trocken sein, noch etwas Sojamilch dazugeben.

Mit nassen Händen Knödel formen und diese etwa 15 Minuten dämpfen. Wer keinen Dämpfer hat, kann die Knödel auch in kochendes Salzwasser geben und 20 Minuten darin ziehen lassen. Besser ist es jedoch, wenn die Knödel gedämpft werden.

Für die Champignonsauce die Margarine in einem Topf erhitzen und das Mehl mit einem Schneebesen einrühren. Die pflanzliche Milch nach und nach dazugießen und unter ständigem Rühren aufkochen lassen. Die Béchamelsauce mit Salz und Pfeffer würzen.

Zwiebeln schälen, in feine Streifen schneiden und in etwas Öl in einer Pfanne goldbraun anschwitzen. Champignons putzen, in Scheiben schneiden und zu den Zwiebelstreifen in die Pfanne geben. Mit Salz und Pfeffer würzen und dann zur Béchamelsauce geben.

Die Champignonsauce auf vier Tellern anrichten und die Kräuterknödel darauf platzieren. Nach Belieben mit Kräutern oder Blüten garnieren und heiß servieren. Dazu passt grüner oder gemischter Salat.

Kichererbsen-Burger mit Zwiebelkonfitüre und Ofenpommes

Der Duft von frisch gebackenem Brot, die süßliche Zwiebelkonfitüre und die leckeren Kartoffeln sind in Kombination mit dem nahrhaften Kichererbsen-Burger ein Gedicht! Die Nusskerne und der angebratene Reis harmonieren hervorragend mit den Kichererbsen und geben diesem Gericht das gewisse Etwas.

Für 4 Personen ▲ **Zubereitung:** 40–50 Minuten ▲ **Kochzeit:** 40–50 Minuten ▲ **Gehzeit:** 8 Stunden + 45 Minuten **Ziehzeit:** 60 Minuten ▲ **Schwierigkeitsgrad:** mittel

Zutaten

Für das Burgerbrot
1 g Hefe
200 g Weizenmehl Type 405
1 TL Aktivkohle
10 ml Rapsöl
½ TL Salz

Für die Zwiebelkonfitüre
150 g rote Zwiebeln
50 g Zucker
2,2 g Pektin oder 1 g Agar-Agar
25 g Balsamicoessig
Salz

Für die Ofenpommes
400 g festkochende Kartoffeln
etwas Rapsöl

Für die Pattys
60 g Zwiebeln
etwas Rapsöl
120 g Wurzelgemüse
70 g Nusskerne
220 g gegarte Kichererbsen
100 g gekochter Reis
frisch gemahlener schwarzer Pfeffer
Chilipulver
gemahlener Kreuzkümmel

Tomatenscheiben und Salat zum Anrichten

Zubereitung

Für das Burgerbrot die Hefe in 130 ml lauwarmem Wasser auflösen. Alle weiteren Zutaten hinzufügen und gut verkneten. Den Teig mit einem Küchentuch abdecken und im Kühlschrank mindestens 8 Stunden gehen lassen. Den Teig dann auf eine leicht bemehlte Arbeitsfläche legen und vierteln. Vier gleich große Brötchen formen und auf ein mit Backpapier belegtes Backblech setzen. 45 Minuten bei Zimmertemperatur gehen lassen. In der Zwischenzeit den Backofen auf 200 °C (Ober-/Unterhitze) vorheizen. Die Brötchen 20 Minuten im vorgeheizten Ofen backen.

Für die Zwiebelkonfitüre die Zwiebeln schälen und in dünne Streifen schneiden. Mit Zucker, Pektin, Balsamicoessig und Salz in einen Topf geben und 1 Stunde ziehen lassen. Anschließend 20 Minuten köcheln lassenund dabei regelmäßig umrühren.

Für die Pommes die Kartoffeln waschen und in Stäbchen schneiden. Mit wenig Öl und Salz gut vermengen und im vorgeheizten Backofen bei 180 °C 30–45 Minuten backen.

Für die Pattys Zwiebeln schälen, in Würfel schneiden und in einer Pfanne in Öl anschwitzen. Gemüse waschen, ggf. schälen, in kleine Würfel schneiden und mitbraten. Die Nusskerne grob mixen, hinzugeben und ebenso anrösten. 160 g von den Kichererbsen mixen und mit Zwiebeln, Gemüse, Nusskernen, der Hälfte vom Reis und den restlichen Kichererbsen vermengen. Mit Salz, Pfeffer, Chilipulver und Kreuzkümmel würzen und mit nassen Händen aus der Masse Pattys formen. Die Kichererbsenpatties im restlichen Reis wälzen und in Öl beidseitig anbraten.

Die abgekühlten Brötchen halbieren und mit Salat, Tomatenscheiben, etwas Zwiebelkonfitüre und den Kichererbsenpattys belegen. Den Burger mit der restlichen Zwiebelkonfitüre und den Ofenpommes servieren.

Zwetschgenknödel

»Ich bin jetzt allein zu Haus, der Mond schaut wie ein Knödel aus. Und wär er nicht am Himmel droben, ich stupste ihn, er läg am Boden. Doch so folg ich jetzt hier im Stillen dem Eder um der Freundschaft willen. Bestimmt seh ich jetzt dann im Traum einen riesengroßen Knödelbaum.« (Kobold Pumuckl in der bekannten Kinderreihe von Ellis Kaut) Ja so ein Baum voller Zwetschgenknödel wäre wirklich ein Traum!

Für 4 Personen ▲ **Zubereitung:** 20 Minuten ▲ **Kochzeit:** 30 Minuten ▲ **Kühlzeit:** 70 Minuten ▲ **Schwierigkeitsgrad:** mittel

Zutaten

Für die Knödel
165 g Sojaquark
65 g vegane Margarine
65 g Weizenmehl Type 405
80 g Grieß
25 g Zucker
Schale von ½ unbehandelten Zitrone
4 Zwetschgen (Pflaumen)

Für die süßen Brösel
etwas vegane Margarine
65 g Semmelbrösel
40 g Zucker

Zubereitung

Für die Knödel am Vortag ein Abseihtuch in ein Sieb legen und den Quark zum Entwässern ins Tuch geben. Das Sieb auf eine Schüssel stellen, damit die Flüssigkeit aufgefangen wird.

Am nächsten Tag die Margarine in einem Topf erhitzen, das Mehl dazugeben und mit einem Schneebesen gut umrühren. Den entwässerten Quark mit Grieß, Zucker, Zitronenabrieb und der Margarine-Mehl-Mischung in eine Schüssel geben und gut vermengen. Die Masse 1 Stunde in den Kühlschrank stellen.

Mit angefeuchteten Händen jeweils etwas Knödelteig in der Handfläche flach drücken. Eine Zwetschge in die Mitte geben, mit dem Teig umschließen und runde Knödel formen. Nochmals für etwa 10 Minuten kalt stellen. Die Knödel anschließend 30 Minuten in Salzwasser leicht köcheln lassen.

Für die Brösel in der Zwischenzeit etwas Margarine in einer Pfanne erhitzen und die Semmelbrösel darin goldbraun anrösten. Die Brotbrösel mit 30 g Zucker vermengen und die gekochten Grießknödel darin wälzen. Heiß servieren.

Historischer und kulinarischer Reichtum

SÜDTIROLER GASTHAUS SAALERWIRT, ST. LORENZEN

Der Saalerwirt im bekannten Wallfahrtsort Maria Saalen bei St. Lorenzen im Pustertal stammt aus dem 13. Jahrhundert und zählt zu den ältesten Südtiroler Gasthäusern. Die original getäfelten Zirmstuben bilden den traditionsreichen Rahmen für eine gepflegte und natürliche Wirtshausküche. Als historisches Genusshotel und Teil der Gruppe »Südtiroler Gasthaus« widmet sich die Familie Tauber mit Leidenschaft der guten und gesunden Landküche. Da stehen Freude und Bodenständigkeit täglich mit am Herd.

Die Familie verwöhnt ihre Gäste mit einer traditionellen, ehrlichen Südtiroler Küche. »In unserer ländlichen Kultur ernähren wir uns noch vorwiegend nach dem Kreislauf, den die Natur vorgibt. Was natürlich reifen kann, entwickelt ausgeglichene Nährwerte und einen vollendeten Geschmack, der sich in der Küche zum Besten entfalten kann«, erklärt Juniorchef Gabriel.

Vater Hans ist für die Bioprodukte vom eigenen Bauernhof verantwortlich. Mutter Berta ist die gute Seele des Hauses. In der Küche geben Küchenchef Stephan Hanni und Konditorin Claudia Schmid gemeinsam mit ihrem Team den Ton an. Ihre Küchenphilosophie: So regional wie möglich und vom Feld in die Pfanne, bodenständig und schmackhaft, gesund und mit natürlichen Gerichten, die sättigen, aber nicht belasten.

Wenn der Gast über die Schwelle eines Südtiroler Gasthauses tritt, spürt er gleich, dass das Ambiente hier ein ganz besonderes ist. Die Mitglieder der Gruppe »Südtiroler Gasthaus« (www.gasthaus.it) überzeugen mit ihrer Geschichte, mit regionaltypischen Gerichten und den Menschen, die dahinterstehen. Authentische Gastfreundschaft, familiäre Behaglichkeit und bodenständiger Genuss sind die Eigenschaften, welche ein Südtiroler Gasthaus auszeichnen. Aufgetischt werden schmackhafte, bodenständige Südtiroler Spezialitäten aus saisonalen und regionalen Produkten von besonderer Qualität.

HOTEL GASTHOF SAALERWIRT, FAMILIE TAUBER

Saalen 4, 39030 St. Lorenzen,
Tel. +39 0474 403147,
www.saalerwirt.com

Südtiroler Schlutzkrapfen

Die Schlutzkrapfen (Spinatteigtaschen) sind ein urtypisches Südtiroler Gericht, das immer gern gegessen wird. Traditionell werden sie mit Butter und Parmesan oder auch mit Mohn und Zucker serviert. Mit diesem Rezept können auch Veganer und Veganerinnen Schlutzkrapfen genießen.

Für 4 Personen ▲ **Zubereitung:** 40 Minuten ▲ **Kochzeit:** 10 Minuten ▲ **Ruhezeit:** 60 Minuten ▲ **Schwierigkeitsgrad:** mittel

Zutaten

Für den Teig
150 g Roggenmehl Type 815
100 g Weizenmehl Type 550
1 EL veganer Ei-Ersatz
1 EL Olivenöl
Salz

Für die Füllung
50 g Zwiebeln
½ Knoblauchzehe
1 EL Olivenöl
150 g passierter Blattspinat
frisch gemahlener schwarzer Pfeffer
frisch geriebene Muskatnuss
50 g Parmesanersatz
50 g mehligkochende Kartoffeln, gekocht und passiert
20 g geröstete Nusskerne
1 EL fein gehackter Schnittlauch
vegane Käseflocken

Zubereitung

Für den Teig alle Zutaten mit 100 ml Wasser zu einem glatten Teig verarbeiten. Den Teig 1 Stunde ruhen lassen. Dann den Teig dünn ausrollen und 8–10 cm große Teigkreise ausstechen.

Für die Füllung Zwiebeln und Knoblauch schälen und hacken. Olivenöl in einer Pfanne erhitzen und Zwiebeln und Knoblauch darin anschwitzen. Blattspinat dazugeben, kurz mitbraten. Mit Salz, Pfeffer und Muskat würzen und abkühlen lassen. Parmesanersatz, Kartoffeln und Nusskerne zugeben und die Zutaten zu einer cremigen Masse vermengen.

Die Füllung mit einem Löffel auf die Teigscheiben geben, die Ränder mit Wasser bestreichen und die Teigkreise zu Halbmonden falten. Den Rand jeweils mit einer Gabel fest andrücken.

Die Schlutzkrapfen in einem Topf mit gesalzenem Wasser 2–3 Minuten kochen, bis sie an der Oberfläche schwimmen. Abseihen und mit gehacktem Schnittlauch und veganen Käseflocken (Hefeflocken mit Paprika, Pfeffer und Salz grob mixen) bestreuen und auf Tellern anrichten.

Duett Kürbis – Kastanie

Was passt besser auf den herbstlichen Tisch als Kürbis und Kastanien! Familie Tauber lädt zu einem besonderen Gericht: einem Duett aus Kastanien und Kürbis.

Für 4 Personen ▲ **Zubereitung:** 50 Minuten ▲ **Kochzeit:** 2 Stunden ▲ **Schwierigkeitsgrad:** leicht bis mittel

Zutaten

Für die Kürbissuppe
100 g Kürbisfleisch
1 Knoblauchzehe
½ Zwiebel
50 g mehligkochende Kartoffeln
2 EL Olivenöl
1 l Gemüsebrühe
30 ml Weißwein
Salz
frisch gemahlener Pfeffer
1 EL Zucker

Für die Kastaniensuppe
40 g Zwiebeln
40 g mehligkochende Kartoffeln
2 EL Olivenöl
125 g geschälte Kastanien
30 ml Weißwein
250 ml Gemüsebrühe
frisch geriebene Muskatnuss
1 EL Zucker

Kürbiskernöl zum Beträufeln
Kürbis- oder Sonnenblumenkerne
   zum Garnieren

Zubereitung

Für die Kürbissuppe das Kürbisfleisch in Stücke schneiden. Knoblauch und Zwiebel schälen und fein hacken. Kartoffeln schälen und würfeln. 1 EL vom Öl in einem Topf erhitzen und Knoblauch und Zwiebel darin anschwitzen. Die Kartoffeln dazugeben und kurz mitbraten. Gemüsebrühe und Wein angießen, mit Salz und Pfeffer würzen und 2 Stunden köcheln lassen. In einem Mixer mit restlichem Olivenöl und Zucker aufmixen.

Für die Kastaniensuppe Zwiebel und Kartoffeln schälen und würfeln. 1 EL vom Öl in einem Topf erhitzen und Zwiebel und Kartoffeln darin anschwitzen, Kastanien zugeben und kurz mit anbraten. Wein und Gemüsebrühe angießen, mit Salz, Pfeffer und Muskatnuss würzen. 30 Minuten köcheln lassen. Mit restlichem Olivenöl und Zucker in einem Mixer pürieren.

Zum Anrichten jeweils eine Suppe langsam von einer Seite in die Teller geben. Mit Kürbiskernöl beträufeln und Kürbis- oder Sonnenblumenkernen garnieren und heiß servieren.

Omas Winterteller

Spatzlan (Spätzle) mit Sauerkraut – das ist bei Familie Tauber Omas Winterteller par excellence. Südtirols Winter waren einst karg, und so hat man das im Herbst eingeschnittene Kraut zu fast allem gegessen. Besonders schmackhaft sind diese Spatzlan mit Sauerkraut.

Für 4 Personen ▲ Zubereitung: 1,5 Stunden ▲ Kochzeit: 1 Stunde ▲ Schwierigkeitsgrad: mittel

Zutaten

Für das Sauerkraut
40 g frisches Sauerkraut
80 g Zwiebeln
2 Knoblauchzehen
5 Wacholderbeeren
5 Pfefferkörner
½ TL Kümmelsamen
1 Lorbeerblatt
Salz
frisch gemahlener schwarzer Pfeffer
40 ml Olivenöl
1 EL Weizenmehl Type 405

Für die Spatzlan
3 EL veganer Ei-Ersatz
250 g Weizenmehl Type 405
1 EL Rapsöl
frisch geriebene Muskatnuss
20 g vegane Margarine

geriebener Sojakäse, Schnittlauchröllchen, vegane Käseflocken zum Servieren

Zubereitung

Für das Sauerkraut das Sauerkraut waschen und mit 650 ml Wasser in einen Topf geben. Zwiebeln und Knoblauch schälen, fein hacken und hinzufügen. Wacholderbeeren, Pfefferkörner, Kümmelsamen, Lorbeerblatt, Salz und Pfeffer einrühren und das Ganze mit Deckel 1 Stunde kochen.

Olivenöl in einem Topf erhitzen und das Mehl einrühren, zum Sauerkraut geben und damit binden.

Für die Spatzlan Ei-Ersatz, 150 ml Wasser, Mehl, Öl und Salz, Pfeffer und Muskatnuss zu einem glatten, lockeren Teig rühren. Diesen mit dem Spätzlehobel in kochendes Salzwasser reiben. Sobald die Spatzlan an der Oberfläche schwimmen, diese abseihen, in einer Pfanne die Margarine schmelzen und die Spatzlan darin schwenken.

Sauerkraut, Spatzlan und Sojakäse möglichst übereinander anrichten. Mit Schnittlauch und veganen Käseflocken (Hefeflocken mit Paprika, Pfeffer und Salz grob mixen) bestreuen.

Apfeltarte

Was passt besser nach Südtirol als der Apfel? Einen Südtiroler Apfelstrudel kennt jeder. Im Saalerwirt gibt es neben der klassischen Variante eine lecker-knusprige Alternative: ein kleines Highlight zum Nachtisch und zum Kaffeekränzchen.

Für 6–8 Stücke ▲ **Zubereitung:** 60 Minuten ▲ **Ruhezeit:** über Nacht ▲ **Backzeit:** 30 Minuten ▲ **Schwierigkeitsgrad:** mittel

Zutaten

Für den Teig
1 EL Lupinenmehl
300 g Weizenmehl Type 405
200 g vegane backfeste Margarine
100 g Puderzucker
1 Pck. Vanillezucker oder Schale von ½ unbehandelten Zitrone

Für die Füllung
400 g Golden-Delicious-Äpfel
100 g Zucker
200 ml Apfelsaft
1 TL Zimtpulver
1 EL Speisestärke

Aprikosenkonfitüre zum Glasieren (nach Belieben)

Zubereitung

Für den Teig alle Zutaten mit 2 EL Wasser zu einem glatten, geschmeidigen Teig kneten, in Frischhaltefolie wickeln und im Kühlschrank ruhen lassen. Am besten ist es, den Teig schon am Vortag zuzubereiten, damit er gut gekühlt ist und sich leichter ausrollen lässt.

Den Backofen auf 170 °C (Umluft) vorheizen. Den Teig auf einer bemehlten Arbeitsfläche etwa 1 cm dick auf einem mit Backpapier belegten Backblech ausrollen, 6–8 Minuten im vorgeheizten Ofen vorbacken und auskühlen lassen. Anschließend 10 cm große Kreise ausstechen. Aus dem restlichen Teig Streifen ausschneiden.

Für die Füllung die Äpfel schälen, entkernen und fein würfeln. Mit Zucker, Apfelsaft und Zimt in einen Topf geben, kurz aufkochen und abseihen.

Die Speisestärke mit 50 ml Wasser verrühren, zur Apfelmasse geben und damit abbinden. Masse etwas abkühlen lassen.

Die Tartes mit der Apfelmasse füllen und mit einem Gitter aus dem Teig belegen. Im Anschluss bei 165 °C (Umluft) etwa 20 Minuten im vorgeheizten Backofen backen. Zum Glasieren kann man etwas Aprikosenkonfitüre auf die warmen Tartes geben und diese dann mit einigen Blüten oder Beeren garnieren.

Vegane Niggilan

Im Pustertal hat jede Bäuerin ihr eigenes Rezept für die perfekten Niggilan – die traditionellen kleinen Krapfen. Rund, oval oder gezogen, als Dessert mit Preiselbeeren oder salzig als Beilage … im Saalerwirt schmecken sie auch als vegane Variante ausgezeichnet.

Für 30 Stück ▲ **Zubereitung:** 1,5 Stunden ▲ **Backzeit:** 10 Minuten ▲ **Ruhezeit:** etwa 50 Minuten
Schwierigkeitsgrad: mittel

Zutaten

3 EL Lupinenmehl
500 g Weizenmehl Type 405
40 g frische Hefe
60 g Zucker
½ TL Salz
Schale von ½ unbehandelten Zitrone
1–2 TL gemahlener Anis (je nach Geschmack)
50 g weiche vegane Margarine
170 ml Sojamilch
40 ml Grappa
Samenöl zum Frittieren

Puderzucker zum Bestauben
Preiselbeerkonfitüre zum Servieren

Zubereitung

Das Lupinenmehl mit 6 EL Wasser verrühren und 5 Minuten ruhen lassen. Alle trockenen Zutaten in eine Rührschüssel geben und mischen. Das Lupinenwasser zugeben, dann Margarine, Sojamilch und Grappa. Aus den Zutaten in 10–15 Minuten einen glatten Teig kneten. Je nach Konsistenz kann noch Sojamilch dazugegeben werden. Anschließend den Teig 15 Minuten ruhen lassen.

Aus dem Teig Krapfen formen und 20–30 Minuten auf einem Tuch an einem warmen Ort ruhen lassen.

Das Öl in einem Topf auf 160 °C erhitzen und die Krapfen portionsweise darin goldgelb ausbacken. (Tipp: Das Öl mit einem Holzlöffel kontrollieren. Sobald an diesem Bläschen aufsteigen, ist die Temperatur richtig.)

Die Niggilan mit etwas Puderzucker bestreuen und je nach Belieben heiß oder kalt mit Preiselbeerkonfitüre servieren.

Das, was wächst, wird geerntet, krumm und schief, aber echt

HANNES RAINER NATURHOTEL RAINER, JAUFENTAL

Eingebettet in eine einmalige Berg- und Naturlandschaft liegt das Naturhotel Rainer im hinteren Jaufental bei Sterzing, einem der ruhigsten Seitentäler des oberen Wipptals. Schon 1911 öffnete die Familie Rainer hier das Gasthaus *Zum Jaufentalerwirt*. Und noch heute steht die Natur hier an erster Stelle. Das Naturhotel Rainer zeichnet sich durch ein umfassendes Nachhaltigkeitskonzept und einen schonenden Umgang mit Ressourcen aus. Gastgeber und Küchenchef Hannes Rainer arbeitet in seiner Natur-Gourmetküche mit nachhaltig produzierten regionalen und saisonalen Lebensmitteln sowie mit Produkten vom eigenen Bauernhof. »Unser Ziel ist es, die Kreisläufe der Natur zu schließen und alle Inhaltsstoffe von Lebensmitteln zu verwenden. So gehen keine Ressourcen verloren, und die Küche wird dadurch ideenreicher, geschmackvoller und intensiver.«
Hannes Rainer hat seine Kochlehre im Romantikhotel Staffler im Eisacktal und im Hotel Sonklarhof im Ridnauntal absolviert. Anschließend war er im Ausland tätig, unter anderem beim bekannten Sternekoch Christian Jürgens in Bayern. Nach seinen Lehr- und Wanderjahren ist er in sein Elternhaus zurückgekehrt, um hier seine ganz persönlichen Ideen von Kochkunst umzusetzen.

»In unserer Naturküche verwenden wir fast ausschließlich regionale und saisonale Produkte«, unterstreicht Hannes Rainer. »Das, was wächst, wird geerntet, krumm und schief, aber echt. Unsere Produkte vom Hof, aus dem Garten oder vom Acker sowie die Kräuter aus unserem Kräutergarten und von der Ontrattalm sind frei von jeglichen Schadstoffen. Je länger die Naturprodukte reifen können, desto besser können sie Geschmacksstoffe entfalten.«
Hannes Rainer verwöhnt seine Gäste mit Kreativität und Fantasie, mit traditionellen, innovativen und neu interpretierten Gerichten, in denen nicht nur außergewöhnliche Aromen und Gewürze, sondern auch viel Liebe zum Detail und Freude an der Arbeit stecken.

NATUR HOTEL RAINER, HANNES RAINER
Jaufental/Mittertal 48,
39040 Ratschings,
Tel. +39 0472 765355,
www.hotel-rainer.it

Zucchiniröllchen mit Pfifferling-Kartoffel-Füllung

Frische Pfifferlinge und Kartoffeln füllen die zarten, gegrillten und marinierten Zucchinischeiben, die Hannes Rainer zu schmackhaften Röllchen dreht. Für den letzten Hauch von Frühling und Sommer sorgen Petersilienöl, frische Blüten und Kräuter.

Für 4 Personen ▲ Zubereitung: 40–60 Minuten ▲ Kochzeit: 30–40 Minuten ▲ Ruhezeit: 1 Tag
Schwierigkeitsgrad: mittel

Zutaten

Für die Zucchiniröllchen
1 grüne Zucchini
1 gelbe Zucchini
2 EL Olivenöl
etwas getrockneter Thymian
etwas getrockneter Rosmarin
Salz
frisch gemahlener Pfeffer

Für die Füllung
150 g mehligkochende Kartoffeln, gegart
200 g frische Pfifferlinge
1 Schalotte
½ Lauchstange
1 EL Olivenöl
Kerbelblätter

Für das Petersilienöl
350 g Petersilienblätter
200 ml Samenöl
50 ml Olivenöl

Blüten und Kräuter zum Garnieren (nach Belieben)

Zubereitung

Die Zucchini waschen, die Enden abschneiden, in feine Scheiben schneiden und in einer Pfanne ohne Fettzugabe leicht anbraten. Herausnehmen, Öl, Thymian, Rosmarin, Salz und Pfeffer zugeben und gut vermengen.

Für die Füllung Kartoffeln pellen und pürieren. Pfifferlinge putzen und klein schneiden. Schalotte schälen und fein hacken. Lauch putzen, waschen und klein schneiden. Die Kartoffelmasse in eine Schüssel geben.

Olivenöl in einer Pfanne erhitzen und Pfifferlinge, Schalotte und Lauch darin anschwitzen. Mit Salz, Pfeffer und Kerbel würzen. Die eingelegten Zucchinischeiben mit der Masse füllen, zu Rollen drehen und kalt stellen.

Für das Petersilienöl alle Zutaten mixen. Zucchinirollen schräg in Scheiben schneiden und auf Tellern anrichten. Mit den Pfifferlingen und etwas Petersilienöl sowie mit Blüten oder Kräutern nach Belieben garnieren.

Tomatengazpacho mit Hanftortilla und Kapuzinerpesto

Gazpacho wird in Südspanien und an der portugiesischen Algarve als kalte Suppe aus ungekochtem Gemüse serviert. Hannes Rainer serviert an heißen Sommertagen seine Gazpacho-Variation mit gebackenen Hanftortillas, Kapuzinerpesto und frischen Blüten.

Für 4 Personen ▲ Zubereitung: 30–40 Minuten ▲ Kochzeit: 20 Minuten ▲ Ruhezeit: 1–2 Stunden
Schwierigkeitsgrad: mittel

Zutaten

Für die Hanftortillas
200 g Weizenmehl Type 405
1 EL Hanföl
1 EL geschrotete Hanfsamen
1 Prise Salz

Für die Tomatengazpacho
4 reife Tomaten
1 Schalotte
1 Knoblauchzehe
Tomatenmark
5 frische Basilikumblätter
Salz
frisch gemahlener Pfeffer
1 Spritzer Zitronensaft

Für das Kapuzinerpesto
100 g Kapuzinerkresseblätter
50 ml Samenöl
50 ml Olivenöl
1 EL geröstete Pinienkerne
50 g Petersilie

essbare Blüten zum Garnieren
   (nach Belieben)

Zubereitung

Für die Tortillas Mehl, 100 ml Wasser, Hanföl, Hanfsamen und Salz in einer Schüssel glatt verrühren. Eine beschichtete Pfanne erhitzen, jeweils etwas Teig hineingeben, verstreichen und aus dem Teig kleine Plätzchen goldgelb ausbacken.

Für die Gazpacho die Tomaten fein mixen. Schalotte und Knoblauch schälen, die Schalotte fein hacken, den Knoblauch zerdrücken und beides zu den Tomaten geben. Tomatenmark und die Basilikumblätter zugeben. Mindestens 1 Stunde ziehen lassen.
Mit Salz, Pfeffer und Zitronensaft abschmecken.

Für das Pesto alle Zutaten in einen Mixer geben und fein mixen. Gazpacho leicht anmixen. Jeweils in Teller füllen, Hanftortillas mit Pesto darauf turmartig anrichten und nach Belieben mit Blüten garnieren.

Kartoffel-Steinpilz-Schlutzer in Bachkressesüppchen

Schlutzer oder Schlutzkrapfen zählen zu den traditionellen Gerichten Südtirols. Hannes Rainer präsentiert seine Schlutzer mit einer delikaten Kartoffel-Steinpilz-Füllung in einem anregenden Bachkressesüppchen.

Für 4 Personen ▲ **Zubereitung:** 60 Minuten ▲ **Kochzeit:** 20 Minuten ▲ **Ruhezeit:** 10 Minuten
Schwierigkeitsgrad: mittel

Zutaten

Für den Schlutzer-Teig
200 g mehligkochende Kartoffeln, gekocht und passiert
400 g Weizenvollkornmehl Type 1600
3 EL Olivenöl
Salz
frisch gemahlener schwarzer Pfeffer
frisch geriebene Muskatnuss
Butter zum Braten

Für die Füllung
½ Zwiebel
1 Knoblauchzehe
1 EL Olivenöl
150 g Steinpilze, in feine Würfel geschnitten
250 g mehligkochende Kartoffeln, gekocht und passiert
Schale von 1 unbehandelten Zitrone
Cayennepfeffer
1 EL Schnittlauchröllchen
1 EL gehackte glatte Petersilie

Für das Bachkressesüppchen
1 Schalotte
1 Petersilienwurzel
1 Pastinake
1 EL Olivenöl
Sherry
500 ml Gemüsefond
200 g frische Bach- oder Gartenkresse

gehobelte Pilze zum Garnieren

Zubereitung

Für den Teig alle Zutaten zu einem homogenen Teig kneten. Zum Binden ggf. etwas von dem Kartoffelkochwasser unterkneten. Den Teig mindestens 10 Minuten ruhen lassen.

Für die Füllung Zwiebel und Knoblauch schälen und fein hacken. Olivenöl in einer Pfanne erhitzen und Zwiebel und Knoblauch darin anschwitzen. Steinpilze zugeben und einmal durchschwenken. Zu den passierten Kartoffeln geben und mit Salz, Pfeffer, Muskat, Cayennepfeffer würzen. Schnittlauch und Petersilie unterziehen.

Den Teig dünn auf leicht bemehlter Arbeitsfläche ausrollen und 8–10 cm große Kreise ausstechen. In die Mitte jeweils etwas von der Füllung geben, etwa 1 EL. Die Teigkreise dann zu Schlutzern (Ravioli) falten und Ränder gut festdrücken.

Für das Bachkressesüppchen die Schalotte schälen und fein hacken. Petersilienwurzel und Pastinake putzen, schälen und fein würfeln. Olivenöl in einem Topf erhitzen und die Schalotte darin anschwitzen. Gemüse dazugeben, mit etwas Sherry ablöschen und mit dem Fond angießen. Köcheln lassen, bis das Gemüse gar ist. Kresse waschen und trockentupfen. Die Suppe mixen, abschmecken, Kresse zugeben und noch einmal durchmixen.

Die Schlutzer im Salzwasser garen, dann in einer Pfanne in etwas Butter auf einer Seite schön anbraten. In Teller geben und das Süppchen daraufgießen. Mit frisch gehobelten Pilzen garnieren.

Gerstenrisottino mit Bunter Bete und Brennnesselschaum

Gerste gehört zu den ältesten Getreidearten der Welt und stammt ursprünglich aus dem Vorderen Orient und dem östlichen Balkan. Aufgrund ihrer geringen Ansprüche zählte die Gerste in den Alpen jahrhundertelang zu den wichtigsten Getreidesorten. Hannes Rainer bringt sie als Risottino mit Bunter Bete auf den Tisch.

Für 4 Personen ▲ **Zubereitung:** 30–40 Minuten ▲ **Kochzeit:** 30–40 Minuten ▲ **Schwierigkeitsgrad:** mittel

Zutaten

Für den Gerstenrisottino
2 Schalotten
1 EL Olivenöl
300 g geschälte Gerste
50 ml Apfelsaft
500 ml Gemüsebrühe
je 1 Gelbe, Rote und Weiße Bete
50 g Lauch
Salz

Für den Brennnesselschaum
100 g Brennnesseln, blanchiert und ausgedrückt
100 g vegane Buttermilch
10 ml Lezithin
frisch gemahlener schwarzer Pfeffer
1 Spritzer Zitronensaft

Zubereitung

Für den Risotto die Schalotten schälen und fein hacken. Olivenöl in einem Topf erhitzen und die Schalotten darin anschwitzen. Die Gerste einrühren und leicht glasieren lassen. Mit dem Apfelsaft ablöschen und mit der Gemüsebrühe mehrmals aufgießen. Dabei ständig rühren, bis die Gerste die Flüssigkeit vollständig absorbiert hat, erst dann weitere Brühe zugeben.

Die Beten putzen und waschen. In einem Topf dämpfen, anschließend schälen und in Würfel schneiden. Lauch putzen, waschen und klein schneiden. Bete und Lauch in den Risotto geben und mit Salz abschmecken.

Die Zutaten für den Brennnesselschaum und etwas Salz in einen Mixer geben und fein mixen. Den Gerstenrisotto auf Tellern platzieren und den aufgeschäumten Brennnesselschaum angießen. Ausgestochene Betesorten obendrauf geben und mit Blüten und Kräutern nach Belieben garnieren.

Wurzelgemüsepralinen im Bergkräutermantel mit falscher Buttermilch

Wurzelgemüse war jahrhundertelang ein Armeleuteessen und ein Sinnbild für Hunger und Entbehrungen. Das hat sich geändert. Da Wurzelgemüse reich an Vitaminen und Mineralstoffen sowie oft nahrhafter und gesünder als das meiste Blatt- und Sommergemüse ist, haben die schmackhaften Wurzeln wieder den Weg auf unsere Speisekarte gefunden.

Für 4 Personen ▲ Zubereitung: 40–50 Minuten ▲ Kochzeit: 30 Minuten ▲ Schwierigkeitsgrad: mittel

Zutaten

Für die Wurzelgemüsepralinen
2 Karotten
1 Petersilienwurzel
2 Scheiben Knollensellerie
Salz
1 Stange Lauch
300 g mehligkochende Kartoffeln, gekocht und passiert
50 g Schmelzflocken
frisch gemahlener Pfeffer
400 ml Pflanzenöl zum Frittieren

Für den Bergkräutermantel
100 g Weizenmehl Type 405
50 g Kartoffel- oder Kastanienmehl
200 ml Mineralwasser
200 g Semmelbrösel
100 g gehackte Nuss- und Samenkerne, geröstet
geriebene Zirbenzapfen
gemahlener Brotklee (Bockshornklee, Schabzigerklee)

Für die falsche Buttermilch
5 Herbstrüben
1 TL Johanniskernmehl
Saft und Schale von 1 unbehandelten Limette
frisch gemahlener schwarzer Pfeffer
frisch geriebene Muskatnuss
Cayennepfeffer
fein gehackter Dill
Dillöl

Zubereitung

Das Wurzelgemüse schälen, in feine Würfel schneiden und kurz in Salzwasser blanchieren. Gut abtropfen lassen. Lauch putzen, waschen und sehr fein schneiden. Wurzelgemüse und Lauch zur Kartoffelmasse geben und gut vermengen.

Schmelzflocken, Salz und Pfeffer zugeben und unterarbeiten. Aus der Masse Pralinen formen.

Für den Bergkräutermantel beide Mehle mit Mineralwasser verrühren und leicht salzen. Semmelbrösel mit Nusskernen und Samen unterarbeiten. Mit geriebenen Zirbenzapfen und Brotklee würzen. Die Pralinen zweimal in der Mehlmischung panieren.

Für die falsche Buttermilch die Rüben entsaften, mit den übrigen Zutaten würzen und mit Johanniskernmehl binden.
Die Pralinen im heißen Öl frittieren, abtropfen lassen und dann auf der falschen Buttermilch anrichten und mit Dillöl beträufeln.

Buchweizenpopcorn mit Hollersirup und karamellisiertem Apfel

Der in den Alpentälern weitverbreitete Buchweizen ist ein außergewöhnliches Lebensmittel. Er schmeckt wie ein Getreide, ist aber keines. Buchweizen ist besonders reich an Proteinen, Mineralstoffen, Vitaminen und Ballaststoffen, er ist glutenfrei und bietet eine gute Alternative zu herkömmlichem Getreide.

Für 4 Personen ▲ **Zubereitung:** 30 Minuten ▲ **Kochzeit:** 30–40 Minuten ▲ **Schwierigkeitsgrad:** leicht

Zutaten

Für den Hollersirup
2 kg Holunderbeeren
500 g Zucker
Abrieb von 1 unbehandelten Zitrone

Für das Popcorn
100 g Buchweizenkerne
Salz
2 Äpfel
100 g Zucker, karamellisiert
Noilly Prat (französischer Wermut) oder Apfelwein

frische Holunderbeeren und essbare Blüten zum Garnieren

Zubereitung

Für den Holundersirup die Beeren gründlich waschen und anschließend entsaften. Den Saft mit Zucker und Zitronenschale aufkochen und unter Rühren 10 Minuten sprudelnd kochen lassen. Abkühlen lassen.

Für das Popcorn die Buchweizenkerne in einer heißen Pfanne anpoppen lassen und ein bisschen salzen. Äpfel schälen, entkernen und in kleine Würfel schneiden. Im karamellisierten Zucker mit einem Schuss Noilly Prat oder Apfelwein anschwenken.

Die Äpfel jeweils in einer kleinen Schale anrichten und das Popcorn darauf verteilen. Den Holundersirup mit dem Stabmixer aufschäumen und daraufgeben. Mit frischen Beeren und Blüten garnieren.

Südtiroler Backtradition im Herzen von Bozen

JOHANN & ASTRID GRANDI
BÄCKEREI GRANDI, BOZEN

Es gibt nicht mehr viele von diesen kleinen, handwerklich geprägten Traditionsbäckereien. Vor allem in den Städten, aber nicht nur dort, geben mittlerweile überall Industriebäckereien, in denen industrielle Rohlinge aufgebacken werden, den Ton an.

Im Herzen von Bozen, gleich neben den historischen Lauben, gibt es noch so eine kleine Bäckerei: die Bäckerei Grandi in der Bindergasse. Auf die »Lieblingsbäckerei« vieler Bozner wird man schon von Weitem durch die Schlange vor der Bäckerei und am Tresen aufmerksam. Als kleiner Familienbetrieb setzen Johann und Astrid Grandi auf regionale Zutaten und erteilen Fertigteig und Backmischungen sowie chemischen Zusätzen eine klare Absage. Sie zählen zu den Traditionalisten unter den Südtiroler Bäckern. Der Arbeitstag in der Backstube beginnt gegen Mitternacht und endet am frühen Morgen – dann warten an die 80 verschiedene Sorten Brot aus dem Ofen auf ihre Käufer. In den Regalen des kleinen Geschäftes stapeln sich fein eingeordnet Vinschgauer Bauernbrot, Vollkornstangen und Handsemmeln, Buchweizenbrötchen, knuspriges Schüttelbrot, Kornspitz und Nuss-Ciabattine, Kürbiskern-Semmeln, Olivenbrot und Focaccia. Das Warten vor dem Tresen lohnt sich: Bei Grandi gibt eine authentisch-handwerkliche Backtradition zum fairen Preis und mit garantiertem Geschmackserlebnis. Das Brot hier mag etwas mehr kosten als das Brot aus dem Supermarkt, aber dafür schmeckt es auch völlig anders – und ist gesund. »Wir backen hier ganz traditionell und geben dem Teig die nötige Zeit. Alles ist noch echtes Handwerk«, so Meisterbäcker Johann Grandi. Das kann man eindeutig schmecken.

**BÄCKEREI GRANDI,
JOHANN GRANDI**

Bindergasse 18, 39100 Bozen,
Tel. +39 0471 978143,
baeckerei.grandi@brennercom.net

Vinschger Bauernbrot

Das Vinschger Bauernbrot der Bäckerei Grandi ist ein 2–3 cm dickes Fladenbrot aus Roggen-Dinkel-Teig. In Südtirol wurde einst nur selten Brot gebacken, weswegen es lange haltbar sein musste. Dafür sorgte das Roggenmehl. Zusammen mit dem Dinkelmehl, mit würzigem Brotklee und Fenchel prägt es den unverkennbaren Geschmack des Südtiroler Traditionsgebäcks.

Für 4–6 kleine Brotlaibe ▲ **Zubereitung:** 30 Minuten ▲ **Ruhezeit:** 2,5 Stunden ▲ **Backzeit:** 50 Minuten
Schwierigkeitsgrad: mittel

Zutaten

½ kg Roggenmehl Type 1150
½ kg Dinkelmehl Type 812
100 g Roggenvollkornmehl Type 1740
Salz
2 EL Brotklee (Schabzigerklee)
1 EL gemahlener Fenchel
20 g frische Hefe
0,75 l Wasser

Zubereitung

Für den Teig alle Mehle und Gewürze in einer Rührschüssel mischen, in der Mitte eine Vertiefung machen. Die Hefe hineinbröckeln und etwas lauwarmes Wasser zugeben. Hefe und Wasser mit etwas Mehl zu einem Vorteig verarbeiten.

Weitere etwa 700 ml lauwarmes Wasser zugeben und die Zutaten zu einem weichen Teig kneten. Den Teig 2 Stunden an einem warmen Ort mit einem Geschirrtuch abgedeckt gehen lassen, bis er sein Volumen verdoppelt hat.

Aus dem Teig vier bis sechs kleine Brotlaibe formen und weitere 30 Minuten gehen lassen.

Den Backofen auf 250 °C (Unter-/Oberhitze) vorheizen. Die Brotlaibe in Mehl wälzen, auf ein mit Backpapier belegtes Backblech setzen. Backofentemperatur auf 250 °C reduzieren und die Brote etwa 50 Minuten backen.

Focaccia mit Tomaten

Focaccia ist ein Stück italienisches Kulturgut. Das Fladenbrot aus Hefeteig, das vor dem Backen mit Olivenöl, Salz und Kräutern oder weiteren Zutaten belegt wird, stammt ursprünglich aus Ligurien. Die Ursprünge der Focaccia gehen aber bis ins Altertum zurück. Die Römer nannten sie panis focacius, das ist »in der Herdasche gebackenes Brot«. Bäcker Johann Grandi belegt seine Focaccia mit frischen Kirschtomaten oder mit Oliven und Rosmarin.

Für 1 Focaccia ▲ **Zubereitung:** 30 Minuten ▲ **Ruhezeit:** 8,5 Stunden ▲ **Backzeit:** 25 Minuten
Schwierigkeitsgrad: mittel

Zutaten

450 g Weizenmehl Type 405
 oder (für die Dinkelvariante):
 350 g Dinkelmehl Type 630
100 g Dinkelvollkornmehl
10 g Salz
3 EL Olivenöl, plus etwas zum
 Bestreichen
5 g frische Hefe
Kirschtomaten
Rosmarinnadeln

Zubereitung

Für den Teig das Mehl, Salz, Olivenöl, Hefe und 350 ml kaltes Wasser in einer Schüssel verrühren. Dann mit einem Tuch abgedeckt 8 Stunden gehen lassen.

Den Teig auf ein mit Backpapier belegtes Blech geben und mit den Händen ausbreiten. Wieder abgedeckt 30 Minuten gehen lassen. Inzwischen den Backofen auf 250 °C vorheizen.

Für den Belag den Teig mit Olivenöl bestreichen, mit dem Pinselende runde Löcher hineindrücken und mit Kirschtomaten und Rosmarin belegen. Salzen.
Für die Olivenvariante mit grünen Oliven und Rosmarin belegen.
Die Focaccia in der Ofenmitte bei 220 °C 25 Minuten lang goldbraun backen.

Mit allen Sinnen und reinem Gewissen

STEPHAN ZIPPL
STERNERESTAURANT 1908*
IM PARKHOTEL HOLZNER,
OBERBOZEN

Die besten Produkte aus der Region dienen Stephan Zippl im Sternerestaurant *1908* im Parkhotel Holzner auf 1200 Höhenmetern in Oberbozen als Inspiration und Grundlage für seine Gerichte: »Aus meinem Gespür für Aromen, Haptik und sinnliche Wahrnehmung gehen Kompositionen hervor, die sich getreu meiner Philosophie durch vier Komponenten auszeichnen: süß, sauer, pikant und knusprig.« Im Rahmen seiner Re:vier-Küche schafft Stephan Zippl aus den besten regionalen Zutaten überraschende Menüs. Nachhaltigkeit ist dabei mehr als nur saisonal gebundene Regionalität.

Besonders freut sich der Sternekoch über den neuen »Grünen Stern«, den er 2022 von Michelin erhalten hat: »Die Riesenarbeit, die dahintersteckt, um nahezu 100 Prozent Südtirol auf den Teller zu bringen, wurde anerkannt. Kleine Kreisläufe zu fördern und sich auf die saisonal vorhandenen Produkte einzulassen, ist und bleibt eine grandiose und zugleich stimmige Herausforderung.« Stephan Zippl ist am Ritten aufgewachsen. Er kennt die Wälder und Wiesen, die Felder und Bauernhöfe ums Holzner wie seine Westentasche. Als Quereinsteiger bringt er seit 2016 als Küchenchef und als Vertreter der neuen Generation von Sterneköchen eine gehörige Portion Bodenständigkeit und Vielseitigkeit in die Küche im Holzner. Eine besondere Herausforderung ist für Stephan Zippl die vegane Küche: »Um vegan zu kochen, braucht es mehr Wissen und Können als für die Zubereitung von Fisch und Fleisch. Wer vegan kocht, muss es schaffen, dass der Gast Fisch und Fleisch auf dem Teller nicht vermisst.« Und er fügt hinzu: »Wenn ich meine Passion im Teller spürbar mache und kreativ auslebe, dann wird auch jeder vegane Teller zu einem besonderen kulinarischen Erlebnis.«

Seit bald 120 Jahren ist das Parkhotel Holzner ein Ort des modernen Zeitgeistes. Hier trifft alpiner Jugendstil auf die klare Linienführung zeitgenössischer Architektur. In vier Generationen hat die Familie Holzner einen Ort geschaffen, der geprägt ist von der Freude am Leben, von Gastfreundschaft, Genuss und Vielfalt.

**STERNERESTAURANT 1908
IM PARKHOTEL HOLZNER,
STEPHAN ZIPPL**

Dorf 18, 39054 Oberbozen/Ritten,
Tel. +39 0471 345231,
www.parkhotel-holzner.com

Gazpacho von der Tomate, Hirse, Ofensellerie, Zitronenverbeneöl

»Der Gaumen im Garten: Der Garten rückt Getreide und Gemüsesorten in den Mittelpunkt. Die Kraft der Natur bringt Vollmundigkeit und Frische, die mit solider Säure balanciert wird.«
Stephan Zippl

Für 4 Personen ▲ **Zubereitung:** 60–70 Minuten ▲ **Koch-/Backzeit:** 70–80 Minuten ▲ **Ziehzeit:** 30 Minuten
Schwierigkeitsgrad: mittel

Zutaten

Für die Gazpacho
1 kleine rote Zwiebel
1 Knoblauchzehe
400 g Tomaten
30 g Selleriestange
40 g Gurke
50 g Peperoni
10 Basilikumblätter
10 g Ingwer
Salz | frisch gemahlener schwarzer Pfeffer
20 ml Olivenöl

Für die Hirse
1 Schalotte
1 EL Olivenöl
80 g Hirse
30 ml Weißwein
160 ml Gemüsefond
1 Lorbeerblatt

Für das Gemüse
20 g Tomaten
20 g Gurke
10 g Stangensellerie, blanchiert
20 g Peperoni
Olivenöl

Für den Ofensellerie
200 g Knollensellerie
10 g grobes Salz
1 Lorbeerblatt
20 g Butter
Olivenöl

Für das Zitronenverbeneöl
200 ml Samenöl
100 g Zitronenverbene
20 g Petersilienblätter
Salz

Zubereitung

Für die Gazpacho Zwiebel und Knoblauch schälen und fein hacken. Alle anderen Zutaten in etwa 1 cm große Stücke schneiden. Salz, ein wenig Pfeffer und etwas Olivenöl dazugeben und alles kräftig durchrühren. 30 Minuten ziehen lassen. Anschließend die Gazpacho passieren und ggf. nachwürzen.

Für die Hirse die Schalotte schälen und hacken. Olivenöl erhitzen und die Schalotte darin anschwitzen. Hirse einrühren und mitbraten. Mit Weißwein ablöschen und den Fond angießen. Lorbeer, Salz und Pfeffer dazugeben. Mit Deckel 13 Minuten köcheln lassen. Nochmals abschmecken.

Für das Gemüse das geputzte und gewaschene Gemüse klein schneiden und mit etwas Salz und Olivenöl marinieren.

Für den Ofensellerie den Backofen auf 180 °C (Unter-/Oberhitze) vorheizen. Den Knollensellerie schälen und waschen, mit Salz, Lorbeerblatt und Butter in Alufolie einschlagen und auf ein Backblech legen. Im vorgeheizten Ofen 70 Minuten im Ofen schmoren. Dann in Stücke schneiden und mit Olivenöl und Salz marinieren.

Für das Zitronenverbeneöl das Öl auf 65 °C erwärmen. Öl, Zitronenverbene und Petersilie mit 1 Prise Salz in den Mixer geben und 5 Minuten kräftig mixen. Anschließend in ein Passiertuch geben und abseihen.

Die Hirse in der Mitte der Teller platzieren, das Gemüse und die Selleriestücke an den Seiten anrichten, dann mit der Gazpacho aufgießen und mit dem Zitronenöl beträufeln.

Gerstotto mit Schmorzwiebeln, Apfel, Pfifferlingen und Petersilienpesto

»Die Stärke des Korns intensiviert den Geschmack dieses Gerichts. Der Wald und die Säure des Apfels spielen eine wichtige Rolle dabei, ebenso wie die Wildheit des Gartens. Der Ball bleibt rund.«

Stephan Zippl

Für 4 Personen ▲ Zubereitung: 60 Minuten ▲ Kochzeit: 40–50 Minuten ▲ Schwierigkeitsgrad: mittel

Zutaten

Für die Schmorzwiebeln
500 g Zwiebeln
100 ml Samenöl
50 ml Weißwein
50 ml Weißweinessig
Salz
1 Lorbeerblatt

Für den Gerstotto
1 EL Olivenöl
120 g Gerste
100 ml Weißwein
1 Lorbeerblatt
1,5 l Gemüsefond

Für die Zwiebelringe
1 Zwiebel
Speisestärke
1 EL Samenöl

Für die Pfifferlinge
80 g Pfifferlinge
20 ml Olivenöl

Für das Petersilienpesto
50 g Petersilie
50 ml Olivenöl
5 g Pinienkerne

Für die Apfelperlen
1 Apfel, in Perlen ausgestochen oder in Würfel geschnitten

Zubereitung

Den Backofen auf 160 °C (Ober-/Unterhitze) vorheizen. Für die Schmorzwiebeln die Zwiebeln schälen und in Streifen schneiden. Etwas vom Öl in einem ofenfesten Topf erhitzen und die Zwiebeln darin anschwitzen. Mit Weißwein ablöschen, Weißweinessig, etwas Salz und Lorbeer hinzufügen. Restliches Öl hinzufügen. Topf mit Deckel in den vorgeheizten Ofen stellen und Zwiebeln 30 Minuten schmoren.

Für den Gerstotto Olivenöl in einem Topf erhitzen, die Gerste hinzugeben und kurz darin anbraten. Mit Weißwein ablöschen, Lorbeer dazugeben, salzen und den Gemüsefond nach und nach aufgießen, aber immer erst, wenn die Flüssigkeit vollständig absorbiert ist. Die Garzeit beträgt knapp 30 Minuten. Kurz vor Garende die geschmorten Zwiebeln aus dem Backofen dazugeben, mit Salz und Pfeffer abschmecken.

Für die Zwiebelringe die Zwiebel schälen und in Ringe schneiden. Mit Speisestärke bestauben und im heißen Öl ausbacken. Salzen und zur Seite stellen.

Für die Pfifferlinge die Pilze putzen und nach Belieben kleiner schneiden. Das Öl erhitzen und die Pfifferlinge darin anbräunen.

Für das Pesto die Petersilie in Salzwasser 1 Minute lang blanchieren, mit kaltem Wasser abschrecken und ausgedrückt in den Mixer geben. Olivenöl und Pinienkerne mit etwas Salz dazugeben und kräftig mixen. Pesto unter den Gerstotto ziehen.

Den Gerstotto auf den Tellern anrichten, die gebratenen Pfifferlinge sowie die Apfelperlen daraufgeben und mit den Zwiebelringen garnieren.

Sauerkrautravioli mit Kürbis-Amaretto-Creme, Preiselbeeren und Thymianöl

»Fermentation trifft Aromen von Erde und Preiselbeeren. Rund wie Kürbis, Kraft vom Garten, zusammen ein wachsender Riese.« Stephan Zippl

Für 4 Personen ▲ **Zubereitung:** 70–80 Minuten ▲ **Ruhezeit:** 1 Stunde plus ½ Tag ▲ **Kochzeit:** 1 Stunde
Schwierigkeitsgrad: mittel

Zutaten

Für die Preiselbeeren
50 g Preiselbeeren
50 ml kräftiger Rotwein

Für den Nudelteig
200 g Mehl 00 oder Weizenmehl Type 405
200 g Hartweizen
20 ml Olivenöl
Salz

Für die Sauerkrautfüllung
50 g weiße Zwiebeln
20 g Butter
200 g Sauerkraut
60 ml Weißwein
1 Lorbeerblatt
frisch gemahlener schwarzer Pfeffer
Wacholderbeeren
frisch geriebene Muskatnuss
1 TL Kümmelsamen
1 TL Senf
50 g mehligkochende Kartoffeln, gekocht und passiert

Für die Kürbis-Amaretto-Creme
300 g Kürbis
30 ml Walnussöl
50 ml Amaretto
1 TL Rum
100 ml Kürbissaft
gemahlener Zimt

Für das Thymianöl
50 g frische Thymianblätter
30 g frische Petersilienblätter
150–200 ml Samenöl

Zubereitung

Für die Preiselbeeren die Beeren in kräftigen Rotwein einlegen und leicht salzen. Mindestens einen halben Tag ziehen lassen.

Für den Nudelteig alle Zutaten mit 230 ml Wasser vermischen und zu einem geschmeidigen Teig kneten. 1 Stunde ruhen lassen.

Für die Füllung die Zwiebeln schälen und in Streifen schneiden. Butter erhitzen und die Zwiebeln darin anschwitzen. Das Sauerkraut dazugeben und kurz mitbraten. Mit Weißwein ablöschen und Gewürze und Senf einrühren. Mit Deckel 30 Minuten köcheln lassen, dann mit den Kartoffeln binden.

Den Nudelteig dünn ausrollen, Formen ausstechen. Jeweils 1 TL Füllung in die Mitte der Ravioli setzen, zuklappen und die Ränder mit einer Gabel festdrücken. So fortfahren, bis der gesamte Teig und die gesamte Füllung aufgebraucht ist. Ravioli in kochendem Salzwasser 3 Minuten köcheln lassen.

Den Backofen auf 175 °C (Ober-/Unterhitze) vorheizen. Für die Kürbis-Amaretto-Creme das Kürbisfleisch in Stücke schneiden und mit Salz und Walnussöl in Alufolie einschlagen. In den vorgeheizten Ofen geben und 40 Minuten backen. Danach alles mit den restlichen Zutaten mixen und mit Muskat und Zimt abschmecken. Den Backofen auf 160 °C für das Brot reduzieren.

Für das Thymianöl Thymian und die Petersilie klein zupfen. Das Samenöl auf 65 °C erwärmen, alles in den Mixer geben, 1 Prise Salz dazugeben und 5 Minuten auf maximaler Geschwindigkeit mixen. Mit einem Passiertuch abseihen.

Für die Erde
- 50 g Schüttelbrot (knuspriges Roggenfladenbrot)
- 20 ml Walnussöl
- 1 Msp. Kohlepulver
- 20 g geröstete Kürbiskerne

Für die Erde das Schüttelbrot mit Walnussöl beträufeln und bei 160 °C 12 Minuten in den Backofen geben. Leicht salzen und auskühlen lassen. Dann die Kohle dazugeben und alles zerbröseln. Die Kürbis-Amaretto-Creme auf Tellern anrichten, Sauerkrautravioli darauf platzieren, mit Erde bestreuen, mit Thymianöl beträufeln, einige Kürbiskerne dazugeben und mit Preiselbeeren servieren.

Pain perdu mit veganem Jus, Roter Bete, Schwarzwurzeln und Almkräuter-Dressing

»Weißer Brotlaib ist der Ursprung, alte Sorten kommen zum Einsatz. Das Erdige der Bete vereint sich in sanfter Begleitung mit würzigem Almduft.« Stephan Zippl

Für 4 Personen ▲ **Zubereitung:** 60–70 Minuten ▲ **Koch-/Backzeit:** etwa 2 Stunden ▲ **Schwierigkeitsgrad:** mittel

Zutaten

Für die Rote Bete
200 g Rote Bete
1 Lorbeerblatt
grobes Salz
20 ml Olivenöl

Für die Tomatensauce
30 g Schalotten
1 Knoblauchzehe
40 ml Olivenöl
150 g Datteltomaten
1 Lorbeerblatt
8 Basilikumblätter
Salz
frisch gemahlener schwarzer Pfeffer

Für das Pain perdu
200 g Kastenbrot/Brötchen
100 g Tomatensauce
Olivenöl

Für die Schwarzwurzel-Sticks
200 g Schwarzwurzeln
10 ml Samenöl

Für die Schwarzwurzel-Chips
1 Schwarzwurzel
1 EL Samenöl

Für den veganen Jus
200 g Zwiebeln
2 Knoblauchzehen
100 g Champignons
30 g Karotten
50 g Petersilienwurzeln
30 g Lauch
2 EL Samenöl
20 g geriebener Ingwer

Zubereitung

Den Backofen auf 175 °C (Ober-/Unterhitze) vorheizen. Für die Rote Bete die Knollen waschen und mit Lorbeerblatt, Öl und grobem Salz in Alufolie einschlagen. In den Backofen geben und 1 Stunde schmoren. Herausnehmen und in Würfel schneiden.

Für die Tomatensauce Schalotten und Knoblauch schälen und klein schneiden. Olivenöl in einer Pfanne erhitzen und Schalotten und Knoblauch darin anschwitzen. Die Datteltomaten vierteln und dazugeben, ebenso Lorbeer, Basilikumblätter und Salz hinzugeben. 20 Minuten mit Deckel köcheln lassen. Mit Salz und Pfeffer abschmecken.

Für das Pain perdu das Brot entrinden und in vier gleich große Stücke schneiden (etwa 5 x 5 x 8 cm). Diese in die Tomatensauce geben und 30 Minuten darin ziehen lassen, bis die Brotwürfel die Sauce aufgenommen haben. Dann in einer beschichteten Pfanne in etwas Olivenöl allseitig kross anbraten.

Für die Schwarzwurzel-Sticks Schwarzwurzeln schälen, waschen und 8 Minuten in Salzwasser blanchieren. Herausnehmen, trockentupfen und in Sticks schneiden. Sticks in Öl kräftig braten. Für die Schwarzwurzel-Chips Schwarzwurzel schälen, waschen und in 1 mm dünne Ringe schneiden. In Öl ausbacken.

Für den Jus Zwiebeln und Knoblauch schälen und klein schneiden. Champignons putzen und klein schneiden. Karotten und Petersilienwurzeln schälen, Lauch putzen, alles in kleine Stücke schneiden. Samenöl in einer Pfanne erhitzen und Zwiebeln, Karotten, Petersilienwurzeln und Lauch darin anbraten. Knoblauch, Ingwer und Zitronengras hinzufügen und kurz mitbraten.
Tomaten dazugeben und kurz darauf mit Rotwein ablöschen.

1 Zitronengrasstängel
50 g Tomaten
400 ml Rotwein
Rosmarinnadeln
2 Lorbeerblätter
2 Zweige Thymian
20 g Senfkörner
3 l Gemüsebrühe
30 ml Sojasauce
1 TL Speisestärke

Für das Almkräuter-Dressing
1 EL Balsamicoessig
2 EL Nussöl
40 g Almkräuter- und Salatblättermix

Rosmarin, Lorbeerblätter, Thymian und Senfkörner zugeben, leicht salzen und Gemüsebrühe angießen. Das Ganze auf etwa 200 ml einkochen lassen, dann fein abpassieren, Sojasauce dazugeben und mit Speisestärke leicht binden.

Für das Dressing Balsamicoessig in eine Schale geben, das Nussöl dazugeben, verquirlen und mit Salz und Pfeffer abschmecken. Kräuter und Salatblätter klein zupfen und im Dressing marinieren.

Das Pain perdu mitten auf Tellern anrichten, die Rote-Bete-Würfel sowie die Schwarzwurzel-Sticks und -Chips an den Rand platzieren, den veganen Jus aufgießen und das Gericht mit leicht marinierten zarten Salatblättern und frischen Almkräutern garnieren.

Kastaniencreme, Birne, Sauerklee und gebackene Schokolade

»Der Herbst bringt viel Gutes mit. Das Edle der heimischen Kastanie trifft auf bekannte Aromen aus der Ferne. Mit der süßen Birne, eine treue Seele, frischt der Sauerklee sinnlich auf.«
Stephan Zippl

Für 4 Personen ▲ Zubereitung: 40–50 Minuten ▲ Kochzeit: 40 Minuten ▲ Schwierigkeitsgrad: leicht

Zutaten

Für die Kastaniencreme
200 g Kastanien
40 ml Amaretto
10 ml Rum
20 ml Balsamicoessig
220 ml Mandelmilch
1 TL brauner Zucker
½ TL Kakaopulver
Salz
1 Msp. gemahlener Zimt
frisch geriebene Muskatnuss

Für die gebrannten Kastanien
8 Kastanien, gebacken, geschält

Für das Birnenkompott
2 Birnen
1 Latschenzweig
50 ml Birnensaft
10 ml Zitronensaft

Für die gebackene Schokolade
100 g dunkle Schokolade (70 % Kakao)

wilder Sauerklee, im Wald gepflückt

Zubereitung

Für die Kastaniencreme den Backofen auf 220 °C (Unter-/Oberhitze) vorheizen. Die Kastanien auf ein Backblech legen und im vorgeheizten Backofen 20 Minuten garen. Noch heiß schälen. Mit den restlichen Zutaten für die Creme in den Mixer geben und glatt oder gröber pürieren. Creme in einen Spritzbeutel geben.

Für die gebrannten Kastanien die Kastanien mit einem Bunsenbrenner schwarz abflämmen und in dünne Scheiben schneiden.

Für das Kompott die Birnen waschen, entkernen und anschließend in Zylinderform schneiden. Die Birnen in einen Topf geben, den Latschenzweig dazugeben, leicht salzen, Zitronensaft und Birnensaft dazugeben. Einmal aufkochen und wieder abkühlen lassen.

Für die Schokolade die Schokolade klein brechen und auf ein mit Backpapier belegtes Backblech geben. Bei 170 °C im Backofen 10 Minuten backen, nach Belieben leicht salzen und anschließend kalt stellen.

Kleine Kastaniencreme-Bällchen auf die Teller spritzen, Birnenstücke und die gebrannten Kastanien dazugeben, mit dem Birnensud aufgießen sowie mit Schokoknusper und Sauerklee garnieren.

Bewusst genießen

THEODOR FALSER GOURMET-RESTAURANT JOHANNESSTUBE* IM HOTEL ENGEL, WELSCHNOFEN

Theodor Falser, seit 2014 Chef de Cuisine im Welschnofner Hotel Engel und Sternekoch der Johannesstube, überzeugt mit einem strikt lokalen Küchenrezept. Seine Philosophie des »Taste Nature – die Natur schmecken« ist eine Lebenseinstellung, zu 100 Prozent regional und einheimisch. Tradition und Innovation gehen Hand in Hand. »Wilde Kräuter, süße Waldbeeren, Gemüse aus dem Engelsgarten oder von den Bauern des Ortes – nur erlesenste Zutaten finden ihren Weg in unsere Küche«, unterstreicht Theodor Falser. »So entsteht in erster Linie Frisches, qualitativ Hochwertiges und Schmackhaftes.« Der Bauer vom Eisath-Hof in Welschnofen arbeitet exklusiv für die Johannesstube. Theodor Falser: »Er hat an die 180 Gemüsesorten für uns. Über 40 davon legen wir für die Wintermonate ein und machen es so, wie man es früher gemacht hat: Wir fermentieren, produzieren Sauerkraut, legen Produkte in Salz und in Öl ein. Wurzelgemüse wie Karotten legen wir in Sand ein. Auf diese Art bleibt es für fünf, sechs Monate schön, und der Geschmack wird durch den Wasserverlust immer intensiver.« Gourmet beginnt für den Engel-Küchenchef schon beim Bauern, »dort, wo man das richtige Produkt anbaut und es natürlich wachsen lässt«. Bei Theodor Falser steht Gemüse im Mittelpunkt seiner Gerichte: »Fisch und Fleisch sind mittlerweile zu Beilagen geworden, Hauptprodukt meiner Küche ist das Gemüse. Da ist dann der Weg zur veganen Küche nicht mehr weit.«

Den Karneider zog es schon früh in die Welt hinaus: Von der Schweiz nach Dubai, von Ecuador auf die Bermudas, in den Oman sowie nach China und Malaysia führen seine Stationen. Drei Jahre hat er mit seiner Frau in Kuala Lumpur gelebt und gearbeitet, bis es ihn wieder nach Südtirol zurückzog. Die Erfahrungen und Inspirationen, die er in all dieser Zeit gemacht hat, lässt er heute in seine Küche im Hotel Engel, dem ersten Ayurveda-Hotel Italiens, einfließen.

GOURMET-RESTAURANT JOHANNESSTUBE IM HOTEL ENGEL GOURMET & SPA, THEODOR FALSER
Gummerer Straße 3, 39056 Welschnofen, Tel. +39 0471 613131, www.hotel-engel.com, www.falserculinaria.com

Raritätentomaten-Gazpacho mit Schwarzwurzel und Liebstöckel

Die bunte Mischung an seltenen Tomatensorten wächst auf dem Eisath-Hof in Welschnofen. Der Besitzer des Hofs beliefert exklusiv die Engel-Küche mit seinen Gemüsesorten. Theodor Falser verfeinert seine Gazpacho mit gerösteten Schwarzwurzeln und Liebstöckel.

Für 4 Personen ▲ Zubereitung: 30–40 Minuten ▲ Ruhezeit: 24 Stunden ▲ Trockenzeit: 5 Stunden Kochzeit: 15–20 Minuten ▲ Schwierigkeitsgrad: leicht

Zutaten

Für die Gazpacho
500 g sehr reife Raritätentomaten
40 ml Olivenöl
20 g Gerstenmiso
Salz
frisch gemahlener schwarzer Pfeffer
Chilipulver

Für die confierten Kirschtomaten
20 farbige Raritätenkirschtomaten
10 ml Olivenöl

Für die Schwarzwurzeln
250 g Schwarzwurzeln
250 ml Hafermilch
Olivenöl zum Braten

Für den Liebstöckel
100 g frischer Liebstöckel
20 g Mandeln
40 ml Sonnenblumenöl
10 ml Kürbiskernöl

Blüten und Kräuter zum Garnieren (nach Belieben)

Zubereitung

Für die Gazpacho die Tomaten waschen und klein schneiden. Mit 200 ml Wasser, Olivenöl, Gerstenmiso, Salz, Pfeffer und Chili vermengen. 24 Stunden abgedeckt marinieren lassen. Dann aufmixen und die Gazpacho durch ein feines Haarsieb passieren.

Den Backofen auf 60 °C (Ober-/Unterhitze) vorheizen. Für die confierten Kirschtomaten die Tomaten auf jeder Seite kreuzweise einritzen und 10 Sekunden in kochendes Wasser legen. Die Tomaten herausnehmen, kurz in Eiswasser legen, häuten und trockentupfen. Mit Salz, Pfeffer und Olivenöl vermengen und 5 Stunden im Backofen leicht trocknen lassen.

Für die Schwarzwurzeln die Schwarzwurzeln gründlich waschen und schälen. Hafermilch, 250 ml Wasser und etwas Salz und Pfeffer aufkochen und die Schwarzwurzeln darin bei mittlerer Temperatur garen. Herausnehmen und abtropfen lassen. Etwas Olivenöl in einer Pfanne erhitzen und die Schwarzwurzeln darin anbraten, nochmals mit Salz und Pfeffer würzen.

Für den Liebstöckel alle Zutaten im Mixer pürieren und mit Salz und Pfeffer abschmecken.

Die Gazpacho in Teller geben und mit Liebstöckel, den confierten Kirschtomaten und den Schwarzwurzeln garnieren sowie nach Belieben mit Blüten und Kräutern dekorieren.

Zucchini-Basilikum-Lasagne mit Kirschtomaten-Confit und gepufftem Buchweizen

»Die Ideen kommen von der Natur, ganz spontan. Von den Jahreszeiten, vom Wetter, vom Bauern, vom Produkt selbst. Man muss sich mit dem Produkt auseinandersetzen und es dann verwenden, wenn es die höchste Qualität hat.« Theodor Falser

Für 4 Personen ▲ **Zubereitung:** 1 Stunde ▲ **Ruhe-/Trockenzeit:** 6 Stunden ▲ **Schwierigkeitsgrad:** mittel

Zutaten

Für die Zucchini-Pesto-Lasagne
6 Zucchini
Salz
frisch gemahlener schwarzer Pfeffer
Olivenöl

Für das Basilikumpesto
100 g Basilikum
50 ml Olivenöl
20 g geröstete Pinienkerne
grobes Salz

Für das Kirschtomaten-Confit
16 Raritätentomaten
10 ml Olivenöl
2 g getrockneter Thymian

Für den gepufften Buchweizen
30 g Buchweizen
Samenöl zum Frittieren

Zubereitung

Für die Lasagne die Zucchini waschen und quer in 2 mm dicke Scheiben schneiden. Öl in einer Grillpfanne erhitzen und die Zucchinischeiben beidseitig anbraten. Mit Salz und Pfeffer würzen.

Für das Pesto alle Zutaten in einen Mixer geben, zur gewünschten Konsistenz vermengen. Den Backofen auf 60 °C (Ober-/Unterhitze) vorheizen. Für das Kirschtomaten-Confit die Tomaten auf jeder Seite kreuzweise einritzen und 10 Sekunden in kochendes Wasser legen. Die Tomaten herausnehmen, kurz in Eiswasser legen, häuten und trockentupfen. Tomaten mit Olivenöl und Thymian mischen und im Backofen 6 Stunden antrocknen lassen.

Die Backofentemperatur auf 160 °C erhöhen. Zucchinischeiben mit Basilikumpesto bestreichen und in einer Lasagneform aufschichten, insgesamt zwölf Schichten bilden. Diese dann im Ofen 1 Stunde backen.

In der Zwischenzeit den Buchweizen waschen, dann 20 Minuten in Salzwasser kochen. Die Stärke auswaschen, den Buchweizen trocknen und dann in Öl bei 180 °C frittieren und anschließend salzen.

Die Lasagne nochmals mit Basilikumpesto bestreichen, in Stücke schneiden, mit Confit und gepufftem Buchweizen bestreuen, nach Belieben mit Kräutern und Blumen dekorieren.

Brennnesselrisotto und geschmorte Zwiebelcreme

Der Brennnesselrisotto ist Theodor Falsers Signatur-Gericht: »Ich koche diesen Risotto bei jeder Gelegenheit. Er wird nie aus meiner Johannesstube verbannt werden. Speziell jetzt nicht, seit ich den Südtiroler Risottoreis vom Römerhof in Tramin, dem nördlichsten Reisanbaugebiet Europas, verwende.«

Für 4 Personen ▲ Zubereitung: 30–40 Minuten ▲ Gar-/Kochzeit: 40 Minuten ▲ Schwierigkeitsgrad: leicht

Zutaten

Für den Risotto
70 ml Traubenkernöl
200 g Südtiroler Risottoreis
Salz
1 l Gemüsebrühe
20 ml Apfelessig

Für das Brennnesselpüree
1 kg junge Brennnesselspitzen

Für die Zwiebelcreme
300 g rote Zwiebeln
20 ml Traubenkernöl

Zubereitung

Für den Risotto das Traubenkernöl in einem Topf erhitzen. Den Reis hinzufügen und bei mittlerer Hitze unter Rühren 5 Minuten braten. Salz einrühren. Nach und nach die Gemüsebrühe dazugeben und den Risotto 16–18 Minuten köchelnlassen.

In der Zwischenzeit für das Brennnesselpüree die Brennnesselspitzen gründlich waschen. Kurz blanchieren, in Eiswasser abkühlen, fein aufmixen und durch ein Haarsieb passieren. Risotto vom Herd nehmen, Brennnesseln mit einem Schuss Traubenkernöl unterrühren, 3–4 Minuten ziehen lassen, mit Salz und Apfelessig abschmecken. Der Risotto muss »all'onda« sein, er muss eine »Welle schlagen«.

Für die Zwiebelcreme die Zwiebeln schälen und in Streifen schneiden. Traubenkernöl in einer Pfanne erhitzen und die Zwiebeln darin anschwitzen. Salzen und abgedeckt 40 Minuten schmoren lassen. Anschließend zu einer Creme mixen.

Den Risotto auf Tellern anrichten und mit der Zwiebelcreme servieren. Nach Belieben mit Blüten dekorieren.

Südtiroler Urgemüse-Pakora auf Rote-Bete-Carpaccio

Diese Pakora aus der indischen und pakistanischen Küche hat Theodor Falser in Indien kennengelernt: »In der indischen Küche gibt es so viele fantastische vegetarische und vegane Gerichte. Ich musste die Idee mit nach Südtirol bringen.«

Für 4 Personen ▲ **Zubereitung:** 30–40 Minuten ▲ **Kochzeit:** 25–30 Minuten ▲ **Schwierigkeitsgrad:** mittel

Zutaten

Für die Urgemüse-Pakora
60 g Pastinaken
60 g Urkarotten
60 g gelbe Karotten
60 g Petersilienwurzeln
60 g Knollensellerie
60 g Yaconwurzel
60 g Süßkartoffeln
Samenöl
Salz

Für den Teig
200 g Kichererbsenmehl
150 ml Mineralwasser
1 TL Paprikapulver
1 TL frisch gemahlener schwarzer Pfeffer

Für das Rote-Bete-Carpaccio
300 g gegarte Rote Bete
Saft von 1 Zitrone
20 ml Traubenkernöl
Salz

Für die vegane Mayonnaise
60 ml eiskalte Sojamilch
120 ml eiskaltes Sonnenblumenöl
10 ml Apfelessig
½ TL gemahlene Kurkuma
1 EL gehackter Schnittlauch

Zubereitung

Für die Urgemüse-Pakora Gemüse waschen, schälen und in Juliennestreifen schneiden. Für den Teig Kichererbsenmehl, Mineralwasser, Paprikapulver und Pfeffer zu einem glatten Teig verrühren. Gemüsestreifen durch den Teig ziehen und im heißen Öl kleine Bratlinge ausbacken und leicht salzen.

Für das Carpaccio die Rote Bete schälen und in feine Scheiben schneiden, mit Traubenkernöl und Zitronensaft leicht marinieren, mit Salz und Pfeffer abschmecken.

Für die vegane Mayonnaise Sojamilch und Sonnenblumenöl mit einem Stabmixer mixen. Mit Salz, Pfeffer, Apfelessig, Kurkuma und Schnittlauch abschmecken.

Urgemüse-Pakora auf dem Rote-Bete-Carpaccio anrichten, mit der veganen Mayonnaise garnieren und nach Belieben mit Kräutern und Blüten dekorieren.

Palabirnen-Pannacotta, gegrilltes Pfirsich-Chutney und Nuss-Reduktion

Die Südtiroler Palabirne stand einst im Ruf, besonders gesund zu sein. Der Volksmund nennt sie auch Sommerapothekerbirne, und sie wurde tatsächlich von Ärzten und Apothekern verschrieben. Theodor Falser macht daraus in Verbindung mit einem Pfirsich-Chutney und einem Nusslikör ein exquisites und gesundes Dessert.

Für 4 Personen ▲ Zubereitung: 40–50 Minuten ▲ Kochzeit: 40–50 Minuten ▲ Schwierigkeitsgrad: mittel

Zutaten

Für die Pannacotta
2 g Agar-Agar
50 g Birkenzucker
370 ml Sojamilch
180 g Palabirnen-Püree
1 Prise gemahlener Kardamom
Zesten von 1 unbehandelten Orange

Für die Nuss-Reduktion
200 ml Nusseler (Nusslikör)

Für das Pfirsich-Chutney
250 g Saturn-Pfirsiche
4 g schwarze Senfsamen
20 g Honig

Zubereitung

Für die Pannacotta Agar-Agar mit dem Birkenzucker mischen. Sojamilch und Birnenpüree in einen Topf geben und verrühren. Agar-Zucker unterrühren. Unter Rühren aufkochen, bis das Agar-Agar aufgelöst ist. Kardamom und Orangenzesten hinzufügen. In Teller füllen und kalt stellen.

Für die Nuss-Reduktion den Nusslikör langsam köchelnd auf 70 ml herunterreduzieren.

Für das Pfirsich-Chutney die Pfirsiche waschen, halbieren, entsteinen und in Scheiben schneiden. Die Pfirsichscheiben unterm Backofengrill leicht angrillen. Mit Senfsamen und Honig mischen und kurz aufkochen.

Das Pfirsich-Chutney zu Nocken formen und auf der Pannacotta platzieren. Nuss-Reduktion daufträufeln. Nach Belieben mit Blüten garnieren und bei Zimmertemperatur servieren.

Regionalität, Qualität und Gesundheit

EGON HEISS RESTAURANT PREZIOSO*, RELAIS & CHATEAUX HOTEL CASTEL FRAGSBURG, MERAN

»Wer alles schon gesehen und erlebt hat, kommt zurück zur Perfektion der Einfachheit«, ist Egon Heiss, Sternekoch im Gourmet-Restaurant Prezioso im Hotel Castel Fragsburg oberhalb von Meran, überzeugt. Und er fügt hinzu: »Die höchste Kunst ist es, das Unwesentliche wegzulassen.«

Nach dem Abschluss seiner Ausbildung zum Küchenmeister kochte sich der gebürtige Sarntaler über verschiedene Stationen in Südtirols Küchen nach München, Palm Beach, Prag und in die Sterneküchen Londons. Mit den Erfahrungen der internationalen Gourmetszene kam er wieder zurück in die Heimat. Kreativ und unverwechselbar im Geschmack erkochte sich Egon Heiss im Restaurant *Alpes* im Hotel Bad Schörgau in Sarnthein 2014 seinen ersten Michelin-Stern. Mittlerweile verwöhnt er die Gäste im Castel Fragsburg, wofür er 2020 wiederum mit einem Michelin-Stern ausgezeichnet wurde.

Egon Heiss' Küchenphilosophie prägt »die Verwurzelung in der Heimaterde und in den Traditionen Südtirols, verbunden mit italienischer Sinnlichkeit«. Als Ausgangsbasis für seine Kreationen wählt er bodenständige Rezepte, die schon seit Generationen weitergegeben werden. Frische Zutaten aus dem hoteleigenen Fragsburg Soul Garden, von Biobauern gelieferte Produkte und alte Sorten aus der Erde Südtirols verarbeitet er mit passionierter Hingabe und stilvoller Raffinesse zu gesund-puristischen Köstlichkeiten – mit dem Fokus auf Regionalität, Qualität und Gesundheit.

Im Fragsburg Soul Garden gleich nebenan werden in Zusammenarbeit mit dem Jugenddienst Meran im Rahmen eines Sozialprojektes ausgesuchte Gemüse-, Obst- und Kräutersorten produziert, ganz natürlich, ohne chemische Hilfsmittel und nachhaltig, im ökologischen sowie sozialen Sinn. »Hier entsteht jeden Tag das Menü für unsere Gäste im Restaurant«, freut sich Egon Heiss – »from farm to table«.

Das hoch über Meran thronende Fünfsternehotel Castel Fragsburg wurde 1620 als Jagdschlössl für die Herren der nahe gelegenen Burg erbaut. 1955 hat die Familie Ortner das Juwel am Südbalkon von Meran erworben und zur stilvollen Luxusherberge umgebaut.

GOURMET-RESTAURANT PREZIOSO IM RELAIS & CHATEAUX HOTEL CASTEL FRAGSBURG, EGON HEISS

Fragsburger Straße 3, 39012 Meran, Tel. +39 0473 244071, www.fragsburg.com

Karotte – Fregola sarda – Zitronentagetes

Im Frühsommer, wenn die ersten jungen Karotten geerntet werden und die Zitronentagetes leuchtend blühen, bekommt die Karotte durch Kokos und Zitrusfrüchte einen Hauch von Mittelmeer.

Für 4 Personen ▲ Zubereitung: 2 Stunden ▲ Kochzeit: 45 Minuten ▲ Schwierigkeitsgrad: leicht

Zutaten

Für die Karottencreme
1 Schalotte
1 kleines Stück Ingwer
20 ml Olivenöl
½ Stängel Zitronengras, fein geschnitten
150 g Karotten
1 Prise Salz
700 ml Gemüsebrühe
100 ml Kokosmilch
etwas Schale von 1 unbehandelten Orange

Für die eingelegten Karotten
16 bunte kleine Karotten
30 g Rohrzucker
30 g Akazienhonig
200 ml Weißweinessig
20 g Salz
5 g Senfsamen
1 Zweig Estragon

Für die Fregola sarda
40 g Fregola sarda (sardische Pasta)
20 ml Weißweinessig
20 ml Estragonessig
40 ml Traubenkernöl
40 ml Distelöl
wenig Zitronensaft

Blüten und Blätter von Zitronentagetes

Zubereitung

Für die Karottencreme Schalotte und Ingwer schälen und fein schneiden. Olivenöl erhitzen und Schalotte, Ingwer und Zitronengras anschwitzen. Karotten schälen, in feine Scheiben schneiden und mit anbraten. Mit Salz würzen. Gemüsebrühe und Kokosmilch angießen und die Karotten abgedeckt sehr weich kochen. Anschließend das Ganze zu einer feinen Creme mixen und mit Orangenschale verfeinern.

Für die eingelegten Karotten die Karotten gründlich waschen, aber nicht schälen. Zucker, Honig, Essig, 600 ml Wasser, Salz, Senfsamen und Estragon in einen Topf geben, aufkochen und 10 Minuten ziehen lassen. Die Karotten nebeneinander in einem Einweckglas anordnen. Den Sud über die Karotten gießen, das Glas verschließen und im Dampfgarer etwa 15 Minuten (variiert je nach Dicke der Karotten) bei 90 °C garen. Idealerweise die Karotten für ein paar Tage im Sud ziehen lassen.

Für die Fregola die Pasta 8 Minuten in leicht gesalzenem Wasser köcheln, passieren und noch im warmen Zustand mit wenig Vinaigrette marinieren. Für die Vinaigrette beide Essige, beide Öle und etwas Zitronensaft verrühren.

Die eingelegten Karotten längs 2 mm dick aufschneiden. Einen Löffel Karottencreme auf jeden Teller geben, die marinierte Fregola darauf locker anrichten und die bunten Karotten dazugeben. Mit Blüten und zarten Blättern der Zitronentagetes servieren.

Anregung

Karotten sind reich an Betakarotin. Damit die Karotinoide für unseren Organismus verfügbar werden, müssen die Zellwände der Karotten durch Kauen, Pürieren und Erhitzen aufgebrochen werden. Die Mahlzeit muss gleichzeitig Fette enthalten.
Renate De Mario Gamper, moderne Alchemistin und Spa-Managerin von Castel Fragsburg

Rote-Bete-Taschen und Apfel-Kaltschale mit Senf

Rote Beten sind in der Küche von Egon Heiss äußerst beliebt und werden sehr variabel verwendet. Dieses Rezept ist eine einfache, aber trotzdem kreative Version, die Rote Bete zu präsentieren.

Für 4 Personen ▲ Zubereitung: 2 Stunden ▲ Kochzeit: 30 Minuten ▲ Ruhezeit: 12 Stunden
Schwierigkeitsgrad: mittel

Zutaten

Für die Rote-Bete-Taschen
1 große Rote Bete
Salz

Für die Apfelrohkost
125 ml naturtrüber Apfelsaft
4 g Pektin
1 Apfel

Für die Kaltschale
2 mittlere Rote Beten, gegart
2 Schalotten
½ Salatgurke
5 Tomaten
60 ml Sherryessig
20 ml Himbeeressig
Salz
6 frische Basilikumblätter
1 Zweig Estragon
100 ml Rote-Bete-Saft

Für die Senfsaat
1 EL Senfsamen
Apfelsaft

Zubereitung

Die Rote Bete in 1 mm dicke Scheiben schneiden (drei bis vier pro Portion). In leicht gesalzenem Wasser 30 Sekunden köchelnlassen, abschrecken und trockentupfen. Mit einem 6 cm großen, kreisförmigen Ausstecher Kreise ausstechen.

Für die Apfelrohkost den Apfelsaft aufkochen und das Pektin einrühren. 1 Minute köcheln lassen. Im Kühlschrank auskühlen und anstocken lassen. Den Apfel schälen und entkernen, in den kalten gebundenen Apfelsaft raspeln und unterrühren. Die Rote-Bete-Scheiben jeweils mit 1 gehäuften Espressolöffel Apfelrohkost belegen und vorsichtig zu kleinen Taschen formen.

Für die Kaltschale Rote Beten, Schalotten und Salatgurke schälen. Das Gemüse klein würfeln und mit den restlichen Zutaten einige Stunden bei Zimmertemperatur marinieren, dann mixen, fein passieren und kalt stellen.

Für die Senfsaat die Senfsamen in etwas Apfelsaft 15 Minuten langsam köcheln lassen.

Zum Anrichten je drei bis vier Rote-Bete-Taschen auf Teller verteilen. Die Kaltschale angießen und mit grünem Senf und gekochter Senfsaat anrichten und servieren.

Tipp

Ein wenig frisch geraspelter Meerrettich und knusprige Rote-Bete-Hippen ergänzen das Gericht. Für die Hippen einfach 30 g weiße Polenta mit 110 ml Wasser und 40 ml Rote-Bete-Saft 3 Minuten kochen und mixen. Auf einem Backpapier dünn aufstreichen, trocknen und für einige Sekunden im 190 °C heißen Sonnenblumenöl ausbacken.

Anregung

Rote Bete punktet besonders mit ihrem hohen Nitratgehalt. Nitrat wird im Körper zu Nitrit umgewandelt und führt so zu einer Erweiterung der Gefäße; das senkt den Blutdruck und fördert die Durchblutung.
Renate De Mario Gamper, moderne Alchemistin und Spa-Managerin von Castel Fragsburg

Geeister Kopfsalat

Ob Frühling, Sommer oder Herbst: Die herrlich erfrischende Kopfsalatsuppe passt zu jeder Jahreszeit. Die Einlage variiert jeweils nach dem, was der Garten gerade bietet.

Für 4 Personen ▲ **Zubereitung:** 1–2 Stunden ▲ **Kochzeit:** 30 Minuten ▲ **Ruhezeit:** 12 Stunden
Schwierigkeitsgrad: leicht

Zutaten

Für den geeisten Kopfsalat
2 kleine Köpfe Römersalat, in feine Streifen geschnitten
1 Knoblauchzehe, geschält und fein geschnitten
2 Frühlingszwiebeln, fein geschnitten
1 Salatgurke, geschält und fein geschnitten
junger Blattspinat
100 g Sojajoghurt
50 ml weißer Balsamicoessig
Tabasco
Ahornsirup
Fleur de Sel
frisch gemahlener schwarzer Pfeffer

Zubereitung

Römersalat putzen, waschen und in feine Streifen schneiden. Knoblauch schälen und hacken. Frühlingszwiebeln putzen und klein schneiden. Die Salatgurke schälen und in kleine Stücke schneiden. Blattspinat waschen und abtropfen lassen.

Mit Sojajoghurt, Balsamicoessig, etwas Tabasco, Ahornsirup, Fleur de Sel und Pfeffer mischen und 12 Stunden im Kühlschrank ziehen lassen. Mit einer Hand Eiswürfel sehr fein zu einer grünen Sauce mixen und passieren. Würzig abschmecken.

Die geeiste Suppe mit grünem Gemüse der Saison, etwa dicke Bohnen oder Erbsen, Wildkräutern wie Giersch, Sauerampfer, Pimpinelle, Liebstöckel, Sauerklee, Guter Heinrich, Gundelrebe, und für den Verzehr geeigneten Blüten anrichten. Zum Gericht passt geröstetes Bauernbrot.

Anregung

Wildkräuter werten jedes Gericht auf, denn sie verfügen über eine einzigartige Nährstoffvielfalt.
Renate De Mario Gamper, moderne Alchemistin und Spa-Managerin von Castel Fragsburg

Pan Brioche mit schwarzen Linsen aus der Provinz Enna

Anbau und Verarbeitung der raren schwarzen Linsen aus der Provinz Enna in Sizilien sind mit einem hohen Arbeitsaufwand verbunden. Frühstücksköchin Laura Broccolo zaubert aus ihnen ein besonders schmackhaftes Pan Brioche.

Für 1 Kastenform ▲ **Zubereitung:** 3 Stunden ▲ **Backzeit:** etwa 40 Minuten ▲ **Ruhezeit:** etwa 5 Stunden + 12 Stunden **Schwierigkeitsgrad:** mittel

Zutaten

Für den Teig
4 g frische Bierhefe
350 g Manitobamehl Type 6 (oder Weizenmehl Type 550)
190 ml lauwarme Hafermilch
60 g brauner Zucker
120 g kalte Haselnussbutter

Für die Füllung
200 g schwarze Linsen
20 g Biohonig
2 Zweige Thymian
2 Lorbeerblätter
10 g brauner Zucker
1 TL gemahlener Zimt

Butter und Mehl für die Form

Zubereitung

Aus Hefe, 100 g Mehl und lauwarmer Hafermilch einen Vorteig anrühren. Abgedeckt an einem warmen Ort 30 Minuten gehen lassen. Dann restliches Mehl und Zucker zugeben und die Zutaten etwa 8 Minuten verkneten. Zuletzt die Haselnussbutter hinzufügen und unterarbeiten, bis der Teig glatt und elastisch ist. 1 Stunde lang gehen lassen, dann zweimal falten, 30 Minuten gehen lassen und wiederholen. 12 Stunden in den Kühlschrank legen. Herausnehmen und an einem warmen Ort 3 Stunden gehen lassen.

Für die Füllung Linsen in 1,5 l Wasser mit Honig, Thymian und Lorbeerblättern gar kochen lassen. Abgießen und abkühlen lassen, mit Zucker und Zimt abschmecken.

Den Backofen auf 180 °C (Unter-/Oberhitze) vorheizen. Den Teig ausrollen, mit der Linsencreme bestreichen, wieder zusammenrollen und in die zuvor gebutterte und bemehlte Kastenform legen. Gehen lassen, bis der Teig sein Volumen verdoppelt hat. Etwa 40 Minuten backen.

Zu ihrem extravaganten Pan Brioche serviert Laura Broccolo verschiedene Dips:

Curry Lemon Curd

1 Prise Salz
130 g Rohrzucker
40 g Speisestärke
1 Prise Currypulver
Saft und Schale von 3 unbehandelten Zitronen
30 g kalte pflanzliche Butter

Alle Zutaten, außer der Butter, mit 300 ml Wasser kalt verrühren, bei niedriger Temperatur 3 Minuten abkochen und vom Herd nehmen. Die Creme leicht auskühlen lassen, mit der pflanzlichen Butter verrühren.

Anregung

Linsen sind gute Eiweißlieferanten, aber erst die Kombination mit Getreide sorgt dass unser Körper optimal mit allen essenziellen Aminosäuren versorgt wird.
Renate De Mario Gamper, moderne Alchemistin und Spa-Managerin von Castel Frag

Kornelkirschen-Apfel-Konfitüre

1 kg Kornelkirschen, entkernt
150 g Rohrzucker
200 g Äpfel, geschält, geraspelt
Saft von 1 Zitrone
1 Stück Sternanis

Alle Zutaten vermischen und 3 Stunden marinieren. Anschließend 20 Minuten köcheln lassen und einmal durchmixen.

Süßsaure Avocadocreme

1 reife Avocado
20 g Agavendicksaft
1 Prise Salz
30 ml Zitronensaft
30 ml Olivenöl

Die Avocado schälen und entsteinen. Das Fruchtfleisch mit einer Gabel zerdrücken, alle Zutaten hinzufügen und gut vermischen.

Buchweizensalat mit Granny-Smith-Sorbet und Zwetschgenröster

Der nussig schmeckende Buchweizen garantiert mit den fruchtigen Zwetschgen eine herrliche Kombination. Der Granny-Smith-Apfel verleiht dem Dessert die besondere Frische. Mit diesem Dessert schlägt Castel Fragsburgs Patissière Miriam Kompatscher gleich »drei Fliegen mit einer Klappe«: Das leckere Dessert ist vegan, gluten- und laktosefrei.

Für 4 Personen ▲ Zubereitung: 2 Stunden ▲ Kochzeit: 80 Minuten ▲ Dörrzeit: 12 Stunden
Schwierigkeitsgrad: schwierig

Zutaten

Für den Buchweizen-Apfel-Salat
50 g ganze Buchweizenkörner
Salz
1 TL Honig
½ Granny Smith
Saft von ½ Zitrone

Für das Granny-Smith-Sorbet
1,5 Granny Smith
25 g Glukose
70 g Rohrzucker
1 EL Zitronensaft
1 EL Limettensaft

Für die Buchweizenknusperchips
50 g ganze Buchweizenkörner
50 g Tapiokastärke
20 g Rohrzucker

Für den Zwetschgenröster
800 g Zwetschgen
80 g Holunderbeeren
100 g Rohrzucker
1 Vanilleschote
1 Zimtstange
1 Sternanis
Nelken
Rotwein
roter Portwein

Zubereitung

Buchweizenkörner in 300 ml Salzwasser in etwa 20 Minuten weich kochen, in ein Sieb gießen und abkühlen lassen. Vor dem Servieren mit den frischen, kleinen Apfelwürfeln vermischen und mit Zitronensaft und Salz abschmecken.

Für das Sorbet die Äpfel waschen, entkernen und würfeln. 200 ml Wasser mit Glukose und Rohrzucker aufkochen und anschließend abkühlen lassen. Äpfel in einen Pacojet-Becher geben. Den Grundsud mit Zitronen- und Limettensaft abschmecken und über die Äpfel gießen. Den Becher in den Schockfroster geben und vor dem Gebrauch mehrmals pacossieren.

Für die Knusperchips Buchweizenkörner in reichlich Salzwasser 30 Minuten kochen und absieben. Inzwischen 175 ml Wasser und Tapiokastärke im Thermomix für 10 Minuten bei 90 °C auf Stufe 4 laufen lassen. Den gekochten Buchweizen zugeben, mit Rohrzucker und Salz abschmecken und durchmixen. Auf eine Silpatmatte streichen und bei Zimmertemperatur trocknen lassen. Sobald die Chips trocken sind, im 180 °C heißen Öl frittieren.

Backofen auf 200 °C (Unter-/Oberhitze) vorheizen. Für den Zwetschgenröster die Zwetschgen waschen, halbieren, entsteinen und in ein tiefes Blech legen. Holunderbeeren verlesen, waschen, von den Rispen streifen und dazugeben. Rohrzucker und Aromen zugeben. Alles gut unterrühren und mit Portwein und Rotwein aufgießen, bis die Früchte bedeckt sind. Mit Alufolie abdecken und 25–30 Minuten garen, bis sich die Früchte mit dem Sud vollgesaugt haben. Einen Teil für das Zwetschgengel mixen und passieren, anschließend mit den 6,5 g Agar-Agar aufkochen und 2–3 Minuten

Anregung

Buchweizen ist kein Getreide und daher glutenfrei, außerdem enthält Buchweizen Chiro-Inositol, einen Stoff, der den Blutzuckerspiegel regulieren kann.
Renate De Mario Gamper, moderne Alchemistin und Spa-Managerin von Castel Fragsburg

köcheln lassen, abkühlen lassen und dann glatt mixen. Den Rest im Kühlschrank aufbewahren oder haltbar machen.

Buchweizen-Apfel-Salat mittig auf Teller geben, mit dem Zwetschgengel kleine Punkte aufsetzen und den Zwetschgenröster anlegen. Das Sorbet darauf platzieren und mit den Buchweizenchips dekorieren.

Vegan ist kein Trend, sondern ein Lebensstil

LUCA SORDI
VEGAN HOTEL LA VIMEA, NATURNS

La Vimea in Naturns ist das erste 100-prozentig vegane Hotel Italiens – seit 2016 mit einem minimalistischen und modernen Design. Hausherrin Valeria Caldarelli: »Unser Hotel spricht eine einfache Sprache, denn die guten Dinge im Leben sind oft die simpelsten. Unsere Werte? Ländlich, besonnen und ehrlich. Unsere Philosophie? Die Natur und alles, was mit ihr verbunden ist.« Vegan und biologisch – das ist im La Vimea kein Trend, sondern ein Lebensstil. »Eine Philosophie und gelebte Moral. Wir alle tragen Verantwortung. Und wir alle sind Natur.«

Die Küche im La Vimea konzentriert sich auf eine kreative, erlebnisreiche, biologische und 100-prozentig gesunde vegane Küche. Seit 2017 ist Luca Sordi Küchenchef im La Vimea: »Kochen ist für mich eine sehr tief gehende Tätigkeit, bei der Körper und Geist eng zusammenarbeiten müssen. Das bedeutet viel Verantwortung und harte Arbeit, aber ich habe eine Menge Spaß daran.«

Luca Sordi, ein ehemaliger Ingenieur, hat mit viel Leidenschaft, Ausdauer und Talent sein Ziel verfolgt, Profikoch zu werden und sich in der pflanzlichen Spitzengastronomie zu verwirklichen. Auf seinem Weg sammelte Luca Erfahrungen in preisgekrönten Restaurants wie dem »Soul Kitchen« in Turin, im ältesten britischen vegetarischen Restaurant »Hendersons« und als Küchenchef im »Saorsa 1875«, dem ersten veganen Hotel in Großbritannien.

Luca Sordis Leidenschaft ist es, verschiedene Techniken, Texturen und Temperaturen zu erforschen und Neues auszuprobieren. Am liebsten mag er den intuitiven Teil: »Wenn der Geist sich frei entfalten kann und etwas Neues schafft … das ist wie Jazz.« Wild wachsende Zutaten, offenes Feuer und Kochen im Freien prägen seine Küche und spiegeln seine Liebe zur Natur wider. Ebenso wie die Fermentation, ein Ansatz für die Entwicklung von Aromen, an dem er ständig arbeitet und studiert, um überraschende, nachhaltige und gesunde Gerichte auf den Teller zu bringen.

**VEGAN HOTEL LA VIMEA,
FAMILIE CALDARELLI SPÖGLER**
August-Kleeberg-Straße 7, 39025 Naturns,
Tel. +39 0473 055035, www.lavimea.com

Polenta & Pilze mit Radicchio, Topinambur, roten Früchten und Kiefernharzöl

»Polenta & Funghi con radicchio, topinambur, frutti rossi e olio di pino« nennt Küchenchef Luca Sordi sein herbstliches Gericht auf Basis von Polenta und Pilzen. Kräuter aus Garten und Wald sorgen gemeinsam mit süßsaurem Radicchio, gebratenem Topinambur und roter Fruchtsauce für den notwendigen Gaumenkitzel.

Für 4 Personen ▲ Zubereitung: 60 Minuten ▲ Kochzeit: 40 Minuten ▲ Schwierigkeitsgrad: leicht

Zutaten

Für die Polenta
1 Knoblauchzehe
4 Wacholderbeeren
10 Fenchelsamen
1 EL Olivenöl
Salz
200 g Polenta
50 g Buchweizenmehl
15 g Hefe
1 EL gehackte gemischte frische Kräuter (Petersilie, Thymian, Majoran)
frisch gemahlener schwarzer Pfeffer

Für die Pilzsauce
250 g Champignons
1 EL Sonnenblumenöl, plus etwas mehr zum Mixen
20 ml Weißwein
5 ml Sojasauce
Gemüsebrühe nach Geschmack

Für die Petersilienmayo
50 g frische Petersilie
200 ml Sojamilch
25 ml Zitronensaft
½ TL Salz
300 ml Sonnenblumenöl

Für die rote Fruchtsauce
100 g Himbeeren
100 g Heidelbeeren
30 g brauner Zucker
50 ml Balsamicoessig

Zubereitung

Knoblauch schälen und hacken, Wacholderbeeren und Fenchelsamen hacken. Olivenöl etwas erhitzen und Knoblauch, Wacholder und Fenchel zugeben. 900 ml Wasser und Salz zufügen und zum Kochen bringen. Polenta und Buchweizenmehl einrühren und laut Packungsangabe Polenta köcheln lassen. Zum Schluss die Hefe, die aromatischen Kräuter und etwas Pfeffer dazugeben. Die heiße Polenta auf einem geölten Backblech etwa 2 cm dick verteilen, abkühlen lassen und mit einer pilzförmigen Form ausstechen.

Für die Pilzsauce Pilze putzen und in Scheiben schneiden. Das Öl in einer Pfanne erhitzen und Champignons darin anbraten. Sobald sie goldbraun sind, mit Weißwein und Sojasauce löschen. Mit Gemüsebrühe und etwas Sonnenblumenöl zu einer feinen Sauce mixen. Mit Salz und Pfeffer würzen.

Für die Petersilienmayo die Petersilie 5 Sekunden blanchieren und schnell abkühlen, mit Sojamilch mixen und durch ein Sieb passieren. Zitronensaft und Salz zugeben, das Öl in dünnem Strahl zugießen und mit dem Schneebesen oder mit den Quirlen des Handmixers schaumig schlagen. So lange rühren, bis eine cremige Mayonnaise entsteht.

Für die Fruchtsauce Himbeeren und Heidelbeeren vorsichtig waschen und trockentupfen. In einem Topf den Zucker mit etwas Wasser auflösen und 1 Minute kochen lassen. Den Essig und die Früchte dazugeben. Alles zusammen 2 Minuten aufkochen, dann pürieren und filtrieren.

Für den Radicchio Salzwasser und Essig im Verhältnis 10:1 zum Kochen bringen. Die Radicchioblätter hineinlegen und 1 Minute kochen lassen. In kaltem Salzwasser mit Essig im Verhältnis 1:1

Für den Radicchio
Weißweinessig
2 Radicchio
Olivenöl
rote Fruchtsauce

Rosmarinpulver, Kiefernharzöl
zum Servieren

abkühlen, abtropfen lassen und abtrocknen. Mit Olivenöl, Salz, Pfeffer und etwas roter Fruchtsauce würzen.

Die Polentapilze 3 Minuten auf beiden Seiten goldbraun anbraten, salzen und mit Rosmarinpulver bestreuen. Alle anderen Zutaten und Saucen in einem Kreis auf dem Teller anordnen und mit Kiefernharzöl beträufeln.

Südtiroler Suppe mit Kartoffeln, Weißkohl, Pumpernickel, geräuchertem Buchweizen und Bärlauchpulver

Küchenchef Luca Sordi stammt aus dem norditalienischen Aostatal. An seinem Südtiroler Arbeitsplatz präsentiert er seine »besondere Südtiroler Suppe«: »Una zuppa molto Sud-Tirolese con patate, crauti, pumpernickel, saraceno affumicato e polvere di aglio orsino.«

Für 4 Personen ▲ Zubereitung: 60–80 Minuten ▲ Trockenzeit: 2–3 Stunden ▲ Kochzeit: 30–40 Minuten
Schwierigkeitsgrad: mittel

Zutaten

Für die Suppenbasis
150 g Zwiebeln
1 Knoblauchzehe
Olivenöl
1 TL Grappa
750 g Kartoffeln
vegane Sahne (Soja oder Hafer)
500 ml pflanzliche Milch
2 Lorbeerblätter
30 g Hefe
Salz
frisch gemahlener schwarzer Pfeffer
125 g Weißkohl

Für rotes Sauerkraut und Heidelbeersauce
200 g Heidelbeeren
30 g Rohrzucker
60 ml Rotkohlsaft

Für den Buchweizen
100 g Buchweizen
Öl zum Frittieren
Smokingpistole und Holzspäne oder Rauchflüssigkeit (Liquid Smoke)

Für den Pumpernickel
100 g Pumpernickel
Trigonella (Bockshornklee)
Olivenöl

Für Bärlauchpulver und Kürbiskerne
50 g frischer Bärlauch
50 g Kürbiskerne

Zubereitung

Für die Suppenbasis die Zwiebeln schälen und klein schneiden. Knoblauch schälen und leicht andrücken. Etwas Olivenöl in einer Pfanne erhitzen und Zwiebeln und Knoblauch darin anschwitzen. Mit Grappa ablöschen. Knoblauch entfernen und die Zwiebeln mit etwas Wasser in einem leistungsstarken Mixer mixen. Den Backofen auf 180 °C (Unter-/Oberhitze) vorheizen.

Die Kartoffeln schälen und in kleine Würfel schneiden. Mit etwas Öl und Salz mischen, auf ein Backblech geben und im vorgeheizten Backofen goldbraun backen. Kartoffeln, Sahne, Milch, Lorbeerblätter, Zwiebelcreme, Hefe, Salz und Pfeffer in einem Topf mischen. Das Ganze erhitzen. Weißkohl grob hacken und hinzufügen. Etwas Wasser hinzufügen, falls die Masse zu dick ist.

Für Sauerkraut und Heidelbeersauce Heidelbeeren verlesen und vorsichtig waschen. In einem Topf den Zucker mit etwas Wasser auflösen und 1 Minute kochen lassen. Den Rotkohlsaft hinzufügen, erneut aufkochen lassen, dann die Heidelbeeren dazugeben. Alles nochmals 2 Minuten kochen, mixen und filtrieren.

Für den Buchweizen Salzwasser zum Kochen bringen und den Buchweizen 15 Minuten kochen. Abtropfen lassen. Den Backofen auf 60 °C vorheizen und den Buchweizen 2–3 Stunden antrocknen lassen. Das Öl auf 200 °C erhitzen und den Buchweizen portionsweise darin frittieren. Salzen und kalt räuchern: mit der Smokingpistole oder mit ein paar Tropfen flüssigem Rauch.

Für den Pumpernickel das Brot in etwa 3 mm große Würfel schneiden. Etwas Öl in einer Pfanne erhitzen und die Würfel anbraten. Sobald sie knusprig sind, mit Trigonella, Salz und Pfeffer würzen.

1 gute Prise Salz
5 ml Kürbiskernöl (nach Belieben)
10 g Tapioka-Maltodextrin (nach Belieben)

frischer Schnittlauch, fein geschnitten
Blumen und Kräuter zum Dekorieren

Für das Bärlauchpulver alle Zutaten in einen Mixer geben und mixen, bis ein feines Pulver entsteht. Tapioka-Maltodextrin, falls verfügbar, verleiht dem Pulver eine fluffige Konsistenz.

In dieser Reihenfolge auf dem Teller anrichten: Suppe, Schnittlauch, Heidelbeersauce, Pumpernickel, Buchweizen, Bärlauchpulver, Kräuter und Blüten.

Tagliolini mit Grano arso, Kürbiscreme, marinierter Paprika, geräucherten Mandeln, Confit-Tomaten und kandierter Zitrone

Grano arso ist ein Mehl aus Apulien, das einst aus den Körnern der abgebrannten Weizenfelder hergestellt wurde. Das Ergebnis war ein dunkles Mehl mit intensiver Rauchnote, das zum Brotbacken und für Nudelteig verwendet wurde. Die Weizenkörner werden heute schonend geröstet. Bei diesen Tagliolini kombiniert Küchenchef Luca Sordi süße, saure und rauchige Noten.

Für 4 Personen ▲ **Zubereitung:** 90 Minuten ▲ **Ruhezeit:** 30 Minuten + 12 Stunden ▲ **Kühlzeit:** 1 Stunde
Kochzeit: 90 Minuten ▲ **Schwierigkeitsgrad:** mittel bis hoch

Zutaten

Für den Teig
330 g Hartweizengrieß
80 g Grano arso (gebranntes Weizenmehl)
12 g Weizengluten (optional, aber empfohlen)

Für die Kürbiscreme
600 g Kürbisfleisch
Olivenöl
150 g Zwiebeln
50 ml Weißwein
Salz
frisch gemahlener schwarzer Pfeffer

Für die marinierte Paprika
1 kg Paprika (rot, grün und gelb)
100 ml Apfelessig
20 ml Olivenöl
6 g Salz
3 Knoblauchzehen
gemischte aromatische Kräuter
1 Prise Chilischoten
20 ml Agavendicksaft

Für die geräucherten Mandeln
100 g Mandeln
Smokingpistole und Holzspäne oder Rauchflüssigkeit (Liquid Smoke)
1 TL Sojasauce
15 g Nährhefe

Zubereitung

Für den Teig alle Zutaten mit 240 ml heißem Wasser zu einem glatten Teig kneten und diesen mindestens 30 Minuten ruhen lassen. Den Teig 3 mm dick ausrollen und zu Tagliolini schneiden.

Für die Kürbiscreme den Kürbis in Würfel schneiden. Mit Öl und etwas Salz mischen, auf ein Backblech legen und im vorgeheizten Backofen bei 180 °C (Unter-/Oberhitze) rösten. Zwiebeln schälen und hacken. Etwas Olivenöl erhitzen und die Zwiebeln darin anschwitzen. Weißwein angießen und Zwiebeln einkochen. Den Kürbis dazugeben, mit Wasser bedecken, 20 Minuten kochen, abschließend alles mixen, nach Belieben salzen und pfeffern.

Für die Paprika den Backofen auf 220 °C vorheizen. Paprika waschen, trockentupfen, etwas einölen, auf ein Backblech legen und im Backofen etwa 20 Minuten rösten. Noch heiß in eine Schüssel legen und mit Lebensmittelfolie gut verschließen. Nach etwa 1 Stunde die Haut von den Paprika abziehen.
Für die Marinade Knoblauch schälen und zerdrücken, mit restlichen Zutaten mischen, die Paprika damit würzen und 12 Stunden im Kühlschrank ruhen lassen. Dann in Streifen schneiden.

Backofentemperatur auf 180 °C reduzieren. Die Mandeln 10 Minuten rösten, aus dem Ofen nehmen und noch heiß mit Sojasauce pürieren. Abkühlen lassen und räuchern. In einer Küchenmaschine zusammen mit der Nährhefe und 1 Prise Salz pürieren.

Für das Tomaten-Confit die Kirschtomaten waschen und halbieren. Mit Öl, Salz und Zucker würzen und etwa 1 Stunde bei 140 °C im Backofen backen.

Für das Tomaten-Confit
15 Kirschtomaten
1 Prise Rohrzucker
Olivenöl

Für die kandierte Zitrone
100 g Zucker
3 unbehandelte Zitronen

gehackte frische Petersilie
Blumen und Kräuter zum
 Garnieren

Für die kandierte Zitrone 100 ml Wasser mit Zucker aufkochen und abkühlen lassen. Die Zitronen schälen und insgesamt dreimal nacheinander aufkochen, jedes Mal mit frischem, kaltem Wasser. Abkühlen lassen und in den Sirup geben.

Die Nudeln 3 Minuten in Salzwasser kochen und in einer Pfanne mit etwas Kochwasser und Petersilie anbraten. Kürbiscreme, Nudeln, Paprika, gehackte geräucherte Mandeln, Tomaten und kandierte Zitrone auf Tellern anrichten. Mit Blüten und frischen Kräutern garnieren.

Rote Culurgiones alla Parmigiana mit Auberginen, Sauce von gelben Kirschtomaten, falscher »Cacio-Pepe«-Sauce und Basilikum

Culurgiones sind eine sehr populäre sardische Raviolivariante. Ihre klassische Füllung besteht aus Kartoffeln, Minze und Pecorino. Besonders charakteristisch ist der an eine Ähre erinnernde Verschluss der Culurgiones. Luca Sordi präsentiert seine Variante in Rot, mit vorgetäuschter Cacio-Pepe-Sauce und grünem Basilikumgel.

Für 4 Personen (etwa 20 Culurgiones) ▲ **Zubereitung:** 90 Minuten ▲ **Saftziehzeit:** 1 Stunde ▲ **Kochzeit:** 90 Minuten
Schwierigkeitsgrad: schwierig

Zutaten

Für die rote Pasta
200 g Hartweizengrieß
100 g Weizenmehl Type 405
80 g Tomatenmark
100 ml warmes Wasser
rote Lebensmittelfarbe oder
    Paprikapulver (4 g)
Salz

Für die pflanzliche Ricotta
500 ml Sojamilch
1 Prise Salz
35 ml Zitronensaft

Für die Füllung
600 g Auberginen
Öl zum Frittieren
150 g Tomaten-Confit
150 g pflanzliche Ricotta
20 g frisches Basilikum

Für die »Cacio-Pepe«-Sauce
200 g Cashewkerne, 3 Stunden
    eingeweicht
200 ml Wasser
1 TL Knoblauchöl
½ TL Zitronensaft
1 TL Nährhefe
½ TL Salz
frisch gemahlener schwarzer
    Pfeffer

Zubereitung

Für die Pasta Wasser und Tomatenmark verrühren und mit dem Hartweizengrieß und dem Weizenmehl mischen. Die Lebensmittelfarbe hinzufügen, salzen und alles zu einem glatten Teig kneten. Diesen mindestens 30 Minuten abgedeckt ruhen lassen.

Die Sojamilch auf 85 °C erwärmen und zur Seite stellen. Salzen, den Zitronensaft dazugeben und gut verrühren. Abdecken und 30 Minuten gerinnen lassen. Die Flüssigkeit in einem Tuch abtropfen lassen und Quark und Molke trennen. Wir erhalten etwa 200 g Ricotta.

Für die Füllung die Auberginen waschen, in Scheiben schneiden, salzen und mit einem Gewicht beschweren, damit die Flüssigkeit austritt. Nach 1 Stunde trockentupfen und in Öl bei 180 °C frittieren. Die Confit-Tomaten wie beim Rezept »Tagliolini mit Grano arso« (siehe Seite 106) zubereiten. Auberginen und Kirschtomaten mit einem Messer fein hacken und mit der Ricotta und dem gehackten Basilikum zu einer feinen Füllung mischen und mit Salz würzen.

Für die Sauce alle Zutaten und 200 ml Wasser mischen und in einem leistungsstarken Mixer mixen. Für die Kirschtomaten-Sauce Olivenöl erhitzen und die leicht gesalzenen Tomaten etwas anbraten, abdecken und weich kochen. Sobald sie weich sind und das Wasser verdampft ist, mixen und filtrieren. Wenn die Sauce nicht gelb genug ist, einen Hauch gemahlene Kurkuma hinzufügen.

Für die Kirschtomaten-Sauce
400 g gelbe Kirschtomaten

frische Basilikumblätter, Kräuter und Blüten zum Garnieren

Der Teig wird mit der sardischen Culurgiones-Technik verschlossen: Die Füllung – etwa 25 g für jeden Raviolo – wird in den Mittelpunkt der ausgeschnittenen Teigblätter von 3 mm Dicke und 9 cm Durchmesser gegeben und durch Abklemmen nach rechts und links verschlossen.

Die Ravioli 4 Minuten in Salzwasser kochen, abseihen und mit Olivenöl würzen. Die Saucen auf den Teller spritzen und die Ravioli auflegen. Mit frischem Basilikum, Kräutern und Blumen garnieren.

Apfelstrudel »auf Urlaub in Sizilien« mit Lagreinwaffel, Apfel-Joghurt-Creme, Walnussgranita, Rosinenstreuseln und Blumenbaiser

Luca Sordis Apfelstrudel begibt sich auf Urlaub nach Sizilien und vereint die Süße Siziliens mit der Frische der Südtiroler Alpen: Strudel di mele »in vacanza in Sicilia« con cialda al Lagrein, crema di mele e yogurt, granita alle noci, crumble all'uvetta e meringa ai fiori.

Für 10 Portionen ▲ **Zubereitung:** 90 Minuten ▲ **Ruhezeit:** 3–4 Stunden ▲ **Kochzeit:** 60 Minuten **Schwierigkeitsgrad:** mittel

Zutaten

Lagreinwaffel
200 g Mehl, Typ 1
35 g Rohrzucker
25 g pflanzliche Butter
25 ml Sojamilch
120 ml Lagrein (kräftiger Südtiroler Rotwein)
10 ml Weinessig
1 Prise Zimt
1 Prise Kakao
1 Prise Salz
5 g Rübenpulver

Den Wein erhitzen und von 120 auf 50 ml reduzieren.

Alle Zutaten zu einem glatten Teig verkneten und diesen 30 Minuten ruhen lassen. Den Teig mit einer Teigmaschine 1,5–2 mm dünn ausrollen, dann falten und laminieren. Runde Blätter mit etwa 8 cm Durchmesser ausschneiden, diese auf einen Zylinder mit Cannoli-Durchmesser von etwa 2 cm aufwickeln und mit etwas Wasser und unter Pressen fixieren. In Öl bei 150 °C goldbraun backen.

Joghurt-Apfelfüllung
500 g pflanzlicher Joghurt
500 g Äpfel
25 g Rohrzucker
2 Zitronen, Schalen gerieben
1 Prise Vanille
1 Prise Zimt

Den Joghurt in einem Küchentuch über Nacht mit einem Gewicht in einem Sieb abtropfen lassen. Am nächsten Tag hat sich sein Gewicht auf etwa die Hälfte reduziert.

Die Äpfel in Würfel schneiden und mit sehr wenig Öl, 1 Prise Salz und etwas Zucker anbraten, bis sie weich sind und ihr Gewicht sich auf die Hälfte des ursprünglichen Gewichts reduziert hat.

Den abgetropften Joghurt, die Äpfel, die geriebenen Zitronenschalen, den restlichen Zucker, Zimt und Vanille gut vermischen.

Granita mit Walnüssen
100 g Walnusskerne
500 ml Wasser
60 g Rohrzucker

Alle Zutaten mischen, mixen und filtrieren. Die erhaltene Milch in einen breiten Behälter schütten – mit einer maximalen Milchdicke von 1 cm – und in der Kühltruhe gefrieren. Alle 30 Minuten mit einer Gabel umrühren, damit sich Eiskristalle bilden.

Rosinenstreusel
80 g Dinkelvollkornmehl
40 g feines Maismehl
50 g Rohrzucker
70 g vegane Butter
50 g Rosinen
1 g Holzkohle

Die Mehle mit den Rosinen pürieren. Alle Zutaten mischen und zu einem homogenen Teig kneten. Diesen dünn auf ein Backpapier auftragen und bei 150 °C für etwa 13 Minuten im Backrohr backen.

Baiser mit Blumen
150 g Aquafaba (das dickflüssige Kochwasser von Kichererbsen, Bohnen und anderen Hülsenfrüchten)
3 g Kurkuma
170 g Puderzucker
1 Prise Kamillenpulver
Blumen und Blüten

50 g Aquafaba mit Kurkuma erhitzen, um die Farbe zu aktivieren. Abkühlen lassen und das restliche Aquafaba hinzufügen. Mit dem Schneebesen (oder in der Rührmaschine) schlagen, bis die Masse steif wird. Nach und nach bei weiterem Rühren Zucker und schließlich das Kamillenpulver beifügen. Auf einem Backpapier auf 3–4 mm ausrollen, Blüten auf der Oberfläche verteilen und bei 60 °C für 3 Stunden im Ofen trocknen lassen.

Sonstiges
Blumen zum Dekorieren
Schale einer kandierten Zitrone (siehe Rezept »Tagliolini mit Grano arso«)

Anrichten
Die Cannoli mit dem Joghurt und der Apfelcreme füllen, die beiden Enden mit zwei kandierten Zitronenschalen verschließen.
In ein kleines Glas abwechselnd ein wenig Rosinenstreusel, dann Granita mit Walnüssen und nochmals Rosinenstreusel schichten. Mit Blumenbaiser und Blüten garnieren.

Geschmacksharmonie und Aromensymphonie

ARMIN MAIRHOFER & ARTUR WIDMANN
LANDESBERUFSSCHULE FÜR DAS GAST- UND NAHRUNGSMITTELGEWERBE EMMA HELLENSTAINER, BRIXEN

Die Landesberufsschule für das Gast- und Nahrungsmittelgewerbe Emma Hellenstainer in Brixen, kurz »Emma« genannt, bietet neben der Lehrlingsausbildung im klassischen dualen System auch die ersten zwei Jahre der maturaführenden Hotelfachschule, die dreijährige Berufsfachschule in den Bereichen Küche, Service und Konditorei/Bäckerei sowie die vierten Klassen Patisserie und Service/Frontoffice an. Neben dem gastgewerblichen Schwerpunkt ist die »Emma Hellenstainer« das Südtiroler Zentrum für Ernährung schlechthin: Sie ist die einzige Südtiroler Berufsschule, die Metzger/-innen, Bäcker/-innen und Konditoren sowie Konditorinnen ausbildet. Armin Mairhofer sammelte beim Dreisternekoch Gualtiero Marchesi in Mailand Erfahrungen, bei Heinz Winkler im Münchner Tantris und bei Raimund Frötscher in Meran. Er arbeitete in Japan und in den USA, bevor er in seine Heimat zurückkehrte. Von 2003 bis 2011 war er Küchenchef in den »Anna Stuben« in St. Ulrich, wo er 2007 seinen ersten Michelin-Stern erkochte. Schon als Kind hatte er eine Passion für Pilze und Kräuter. »Eine Nachbarin von uns, von allen ›Kräuterhexe‹ genannt, wusste alles über Heilpflanzen, Früchte und Pilze – und sie nahm mich gerne mit auf ihre Spaziergänge. Von ihr habe ich gelernt, wie gesund Knoblauch und Wacholder sind, dass man Gundelrebe wie Spinat verwenden kann, und vieles mehr.« Seit 2019 unterrichtet Armin Mairhofer als Koch-Fachlehrer an der Landesberufsschule Emma Hellenstainer.

Konditormeister und Fachlehrer Artur Widmann arbeitet – nach Stationen in der Konditorei Streitberger in Bozen – als Patissier im Hotel Königshof in München und im Badrutt's Palace Hotel in St. Moritz in der Schweiz, als Chef-Patissier im Hotel Castel in Dorf Tirol und im Hotel Mirabell in Olang sowie nach einem Praktikum in der Hofkonditorei Oberlaa in Wien – seit 2007 als Konditorfachlehrer an der Landesberufsschule Emma Hellenstainer.

LANDESBERUFSSCHULE FÜR DAS GAST- UND NAHRUNGSMITTELGEWERBE EMMA HELLENSTAINER, ARMIN MAIRHOFER & ARTUR WIDMANN
Fischzuchtweg 9, 39042 Brixen, Tel. +39 0472 273800,
www.hellenstainer.berufsschule.it

Melonencocktail mit marinierten Gurkenperlen und Austernkraut

Das Austernkraut, ausnahmsweise kein heimisches Wildkraut, ist in diesem an Einfachheit wohl kaum zu überbietenden Gericht der Protagonist schlechthin. Es verleiht mit seinem mineralischen und an eine erfrischende Meeresbrise erinnernden Charakter dem Melonencocktail eine faszinierende Geschmacksharmonie.

Für 4 Personen ▲ Zubereitung: 15–20 Minuten ▲ Schwierigkeitsgrad: leicht

Zutaten

1 kleine Wassermelone
1 kleine Zuckermelone
1 kleine Honigmelone
Saft von 1 Zitrone
1 Salatgurke
einige Kristalle Maldon-Salz
etwas Austernkraut, alternativ
   Meerfenchel und/oder
   Pimpinelle

Zubereitung

Melonen jeweils halbieren oder vierteln und mit einem Kugelausstecher (Parisienneausstecher) kleine Kugeln Fruchtfleisch ausstechen. In eine Schüssel geben und mit dem Zitronensaft einige Minuten marinieren.

Mit dem Austernkraut oder den alternativen Kräutern in einem Cocktailglas anrichten und mit ein paar feinen Maldon-Salzkristallen berieseln.

Crema di Zucca – eine Aromensymphonie in sechs Variationen

Für Armin Mairhofer ist dies eines seiner kreativsten Gerichte: »Sechs verschiedene, sich bis ins Finale steigernde Aromen verleihen einer in ihrer natürlichen Süße mit einer präzisen Dosierung Salz abgeschmeckten, harmonischen, samtweichen Kürbiscremesuppe mit jedem Löffel eine neue Geschmacksnote – ein sich unentwegt drehendes Aromenkaleidoskop.«

Für 4 Personen ▲ Zubereitung: 20 Minuten ▲ Kochzeit: 10–15 Minuten ▲ Schwierigkeitsgrad: leicht

Zutaten

Für die Kürbissuppe
1 kleiner Butternut-Kürbis
2 EL Olivenöl
Salz

Aromen-Löffel
Adagio
Amaretti-Kekse – ein klassischer Begleiter, der mit leicht bitterem Geschmack die Süße und Konsistenz der Suppe subtil kontrastiert.
Andante
alter Balsamico – der mit anregenden, sauersüßen Aromen und seiner altehrwürdigen Noblesse den Geschmack veredelt.
Allegro
Nusseler-Essenz (sirupartig einreduzierter Nusslikör) – eine Kurtisane, die die samtige Zartheit der Textur mit Herzhaftigkeit galant zu hofieren vermag.
Menuett
Tonkabohnenöl – ein entfesselter Tanz von Vanille- und Mandelaromen, die in hohem Maße aphrodisierend wirken.
Vivace
Kürbiskernöl – mit seinem intensiven Geschmack das kulinarische Erbe der K.-u.-K.-Monarchie
Scherzo con brio
Orangenmostarda – das Grand Finale, ein im Schlussakkord sauerbitter-süßscharfer geschmacklicher Tritt ins Schienbein.

Zubereitung

Den Kürbis schälen und das Kürbisfleisch in kleine Stücke schneiden. Olivenöl in einem Topf erhitzen und die Kürbisstücke mit etwas Salz kurz anbraten. So viel Wasser aufgießen, dass der Kürbis knapp bedeckt ist, aufkochen und in etwa 10 Minuten weich köcheln lassen. Mixen, durch ein feines Sieb passieren, süß-salzig ausgewogen und harmonisch abschmecken und heiß in einer Tasse mit den sechs verschiedenen Aromen-Löffeln servieren.

Potpourri von Südtiroler Wurzelgemüsen – eine Ratatouille mit einer Wildkräuter-Salsa verde

Wildgemüse, Wald- und Wiesenkräuter begleiten Armin Mairhofer seit seiner frühen Kindheit: »Sie versinnbildlichen Authentizität, Tradition und Volkstümlichkeit, wecken Kindheitserinnerungen und schärfen den Blick für die Kleinigkeiten am Wegesrand. Außerdem helfen sie uns, bekömmlich, vital und nachhaltig zu kochen, verleihen jedem Gericht eine gewisse Eigensinnigkeit und rufen mit ihren zum Teil unbeschreiblichen Aromen neue Geschmackserlebnisse hervor.«

Für 4 Personen ▲ Zubereitung: 30 Minuten ▲ Kochzeit: 15–20 Minuten ▲ Schwierigkeitsgrad: leicht

Zutaten

Für das Potpourri
4 mittelgroße orangefarbene und gelbe Karotten
6 mittelgroße Topinamburen
4 mittelgroße Rote Beten
4 mittelgroße Pastinaken
4 mittelgroße Petersilienwurzeln
2–3 EL Olivenöl
6 schwarze Knoblauchzehen
frisch gemahlener schwarzer Pfeffer

Für die Wildkräuter-Salsa
1 Handvoll Guter Heinrich, kurz blanchiert
nach Belieben ein paar Blätter Wiesensalbei, Schafgarbe, Bachkresse, Brennnessel, Giersch, Liebstöckel, Bärlauch, Petersilie
4 Essiggurken
1 EL Kapern
½ Knoblauchzehe
Olivenöl
Senf
Weißweinessig

Zubereitung

Für das Potpourri alle Gemüsesorten waschen, schälen und in gleich große Würfel schneiden. Olivenöl erhitzen und jeweils eine Gemüsesorte darin bei mittlerer Temperatur nicht zu weich dünsten.

Jede Gemüsesorte für sich mit etwas Wasser mixen und verschiedene Gemüsepürees herstellen. Knoblauch schälen, pürieren und mit etwas Flüssigkeit zu einer cremigen Konsistenz rühren.

Für die Wildkräuter-Salsa Kräuter waschen und alle Zutaten nicht zu fein zu einer Salsa verde mixen.

Die gedünsteten Gemüsewürfel mit den farbigen Pürees und der Wildkräuter-Salsa verde wie auf einer Malerpalette auf vorgewärmten Tellern anrichten.

Carnaroli-Reis mit Blaubeeren und Eichenmoos

Einen guten Risotto zuzubereiten, ist wohl die Herausforderung eines jeden passionierten Kochs. Armin Mairhofer verwendet einen Carnaroli-Reis, der außerordentlich wohlschmeckend ist: »Blaubeeren und Eichenmoos – die Mousse de Chêne, ein Grundakkord aus dem klassischen Duftkonzept Chypre – verleihen diesem Risotto einen aphrodisierenden Eigenartigkeitscharakter.«

Für 4 Personen ▲ Zubereitung: 50–60 Minuten ▲ Kochzeit: 60 Minuten ▲ Schwierigkeitsgrad: leicht

Zutaten

Für den Gemüsefond
1 Zwiebel
1 Karotte
1 Knollensellerie
1 Stange Staudensellerie
1 Tomate
1 Stange Lauch
1 EL Olivenöl

200 g Wildblaubeeren
etwas Zucker
etwas Eichenmoos (Evernia prunastri – wächst auf Fichten)
einige Korianderkörner und Wacholderbeeren
1 kleine Zwiebel
Salz
1–2 EL Olivenöl
200 g Carnaroli-Reis
100 ml Weißwein
1 Steinpilz

Zubereitung

Zuerst den Gemüsefond zubereiten. Dafür Zwiebel und Gemüse schälen und grob zerkleinern. Olivenöl erhitzen und das vorbereitete Gemüse kurz darin anbraten. Mit kaltem Wasser aufgießen – man benötigt für den Risotto 1 l Fond –, aufkochen und bei mittlerer Temperatur etwa 45 Minuten köcheln lassen.

Für den Risotto die Blaubeeren waschen, ein paar davon beiseitelegen. Die restlichen mit wenig Zucker mixen und durch ein Sieb passieren. Das Eichenmoos waschen und mit dem Koriander und dem Wacholder bei schwacher Hitze 15 Minuten in einer Pfanne trocken rösten, erkalten lassen und in eine Pfeffermühle füllen.

Die Zwiebel schälen und fein hacken. Olivenöl in einem Topf erhitzen und die Zwiebel mit 1 Prise Salz darin glasig anschwitzen. Den Carnaroli-Reis einrühren und kurz farblos mit anrösten.

»Das ist die erste Phase, ›la tostatura‹, die verhindert, dass die Stärke beim Kochvorgang austreten kann.«

Den Backofen auf 230 °C (Unter-/Oberhitze) vorheizen. Mit dem Weißwein ablöschen, diesen vollständig verdampfen lassen, die gleiche Menge kochend heißen Gemüsefond aufgießen und den Reis mit Deckel im Backofen etwa 7 Minuten garen. Auf einer Platte verteilen und erkalten lassen.

Armin Mairhofer: *»Dadurch kristallisieren die Kohlenhydrate, man erhält eine sogenannte retrogradierte Stärke, die nicht im Dünndarm assimiliert wird und als wertvolle Ballaststoffe in den Dickdarm wandert.«*

Den Steinpilz putzen, würfeln und in etwas Olivenöl goldbraun braten. Salzen.

Den vorgekochten Reis unter Zugabe des Blaubeerpürees und von etwas Gemüsefond 7 Minuten bei niedriger Temperatur fertiggaren, die zweite Phase, »la cottura«, damit abschließen und den Reis kurz ruhen lassen.

Mit der »mantecatura«, der dritten Phase, fortfahren und den Reis mit etwas Olivenöl kräftig cremig bzw. »all'onda« rühren.

Den Reis auf flachen Tellern mit dem in einer Pfeffermühle grob geschroteten Eichenmoos anrichten, die Steinpilzwürfel und einige Blaubeeren darüber verteilen und servieren.

Himbeermousse und Birnenkompott mit Schoko-Nuss-Bruch und Cassis-Sorbet

Konditormeister und Fachlehrer Artur Widmann lädt zum Dessert: »Mit dieser Süßspeise holen Sie sich Leichtigkeit und Frische nach Hause. Himbeermousse und Birnenkompott stehen für Leichtigkeit, Frische steuert das Cassis-Sorbet bei, Schoko-Nuss-Bruch rundet das Geschmackserlebnis ab.«

Für 4 Personen ▲ Zubereitung: 30–40 Minuten ▲ Kochzeit: 20–30 Minuten ▲ Schwierigkeitsgrad: mittel

Zutaten

Für die Himbeermousse
200 g Himbeerpüree
10 g veganer Sauerrahm
20 g Zucker
12 g Agar-Agar
100 g vegane Sahne

Für das Birnenkompott
3 reife, feste Birnen
1 Prise gemahlener Zimt
Mark von ½ Vanilleschote
1 TL brauner Zucker
3 g Pektin
1 Spritzer Zitronensaft

Für das Cassis-Sorbet
125 g Cassispüree
40 g Zucker
10 g Ahornsirup

Für den Schoko-Haselnuss-Bruch
50 g dunkle Schokokuvertüre
30 g Haselnusskerne
¼ TL Salz

Für den Sojamilchschaum
50 ml Sojamilch
10 g Zucker

Himbeeren und Minzeblätter zum Garnieren

Zubereitung

Für die Himbeermousse Himbeerpüree und Sauerrahm mit Zucker mischen. Agar-Agar mit etwas Wasser anrühren und etwa 30 Sekunden köcheln lassen. Anschließend die Agar-Wasser-Mischung schnell unter die Himbeer-Sauerrahm-Zucker-Mischung rühren. Sahne schlagen, unterziehen, die Masse in Formen füllen und kalt stellen.

Für das Birnenkompott die Birnen schälen, entkernen und in Würfel schneiden. Mit 20 ml Wasser und mit Zimt und Vanillemark kurz andünsten. Den braunen Zucker und das Pektin mischen. Zu den Birnen geben und aufkochen. Zitronensaft dazugeben, weiterkochen bis zur richtigen Festigkeit.

Für das Sorbet Cassispüree, Zucker, 60 ml Wasser und Ahornsirup erhitzen, bis sich der Zucker auflöst. In der Eismaschine gefrieren.

Schoko-Haselnuss-Bruch

Für den Schoko-Haselnuss-Bruch die Kuvertüre im heißen Wasserbad auflösen. Haselnusskerne rösten und mahlen. Mit Salz unter die Kuvertüre rühren. Die Masse dünn auf Backpapier streichen und kalt stellen. Sobald die Kuvertüre fest geworden ist, in kleine Stücke brechen.
Für den Sojamilchschaum Sojamilch und Zucker erwärmen und aufschäumen.

Die Himbeermousse aus der Form stürzen und mit Birnenkompott anrichten.

Eine Nocke Cassis-Sorbet dazusetzen. Das Dessert mit Schoko-Haselnuss-Bruch, Minze und eventuell mit einer Schokoladenspirale und einigen frischen Himbeeren garnieren und mit dem Sojamilchschaum verfeinern.

Konditorin aus Leidenschaft

JULIA RAUCH
PRUNNER LUXURY SUITES, SCHENNA

»Ich liebe Süßes – Kekse, Torten, Desserts, eben alles, was glücklich macht«, erzählt Julia Rauch, Jahrgang 1992. »Meine Tante hatte eine Konditorei, und immer, wenn wir als Kinder zu Besuch bei ihr waren, war dies einer meiner liebsten Orte, an dem ich nach Herzenslust naschen konnte.«

Mit 25 Jahren krempelte Julia ihr damaliges Berufsleben um, absolvierte die Konditorprüfung und machte ihr Hobby zum Beruf. Dann zog es die junge Andrianerin in die weite Welt hinaus. Zwei Jahre lang reiste sie durch Asien, Australien und Neuseeland. Ein Bestattungsritual in Indonesien, bei dem unter anderem auch Büffel und Schweine geopfert wurden, wurde zu einem einschneidenden Erlebnis. »Die Schreie der Tiere gehen mir bis heute nicht aus dem Kopf«, erzählt Julia. Sie verbannte alle tierischen Lebensmittel aus ihrer Ernährung, begann sich intensiv mit dem Thema auseinanderzusetzen und entschied sich aus ethischen Gründen für einen veganen Lebensstil: »Jeder Schritt in Richtung vegane Ernährung ist ein richtiger und wichtiger Schritt. Die Tiere, unsere Umwelt und natürlich auch unsere Gesundheit werden es uns danken.«

Nach ihrer Rückkehr begann Julia, mit neuen Zutaten zu experimentieren und ihre Rezepte mit veganen Alternativen umzuwandeln. »Eine besondere Herausforderung war es, den passenden Ei-Ersatz für die richtige Torte zu finden«, erinnert sich Julia. Doch nach einigen Startschwierigkeiten und vielen Versuchen gelang es ihr schließlich, die richtigen Zutaten zu kombinieren und die gewünschten Ergebnisse zu erzielen. Heute stellt das Backen von veganen Torten für Julia keine große Herausforderung mehr dar. Im Gegenteil. Ihre Leidenschaft schmeckt man mit jedem Bissen ihrer veganen Torten und Süßigkeiten. Vorerst kommen hauptsächlich die Gäste der Prunner Luxury Suites in Schenna in den Genuss der süßen Leckereien, doch auch außerhalb der Arbeit backt Julia gerne zusätzliche Torten.

**JULIA RAUCH,
PRUNNER LUXURY SUITES**
Schennaerstraße 22, 39017 Schenna,
Tel. +39 0473 861610,
www.prunner-luxury-suites.com

Julias Tipps, damit Torten gelingen:
Der beste Ei-Ersatz sind ... Apfelmus, Banane, Essig, Leinsamen, Haferflocken, Sojamehl, Johannisbrotkernmehl.
Der beste Eiweiß-Ersatz ist ... Aquafaba, das Kochwasser der Kichererbsen.
Der beste Ersatz für herkömmliche Sahne ist ... erfahrungsgemäß Sojasahne.

Easy Schokomousse

Wer kennt nicht die Situation: Man hat kurzfristig Gäste zu Besuch bekommen und möchte diesen nach dem Essen noch eine schnelle Nachspeise zaubern, die mit großer Wahrscheinlichkeit jedem Gast schmeckt. Julia Rauch hat dafür genau das Richtige: ein schnelles, easy Schokomousse-Rezept mit nur drei Zutaten.

Für 4 Personen ▲ **Zubereitung:** 10 Minuten ▲ **Kühlzeit:** 30 Minuten ▲ **Schwierigkeitsgrad:** ganz leicht

Zutaten

200 g Zartbitterkuvertüre
Wasser von gekochten Kichererbsen (aus dem Glas oder der Dose)
200 g Sojasahne
verschiedene Früchte und/oder Blüten für die Dekoration

Zubereitung

Die Schokolade im Wasserbad schmelzen. Das Kichererbsenwasser abseihen und mit dem Rührgerät aufschlagen. Anschließend die Sojasahne in einer separaten Schüssel ebenfalls aufschlagen.

Die flüssige Schokolade mit dem aufgeschlagenen Kichererbsenwasser von Hand mit dem Schneebesen gut vermischen und die Sojasahne unterheben.

Die Schokomousse auf vier Gläser aufteilen und mit verschiedenen Früchten und Blüten dekorieren.

Apfeltorte

Äpfel und die dazugehörigen Rezepte gibt es in Südtirol reichlich. Und wer liebt sie nicht, die traditionell vererbten Rezepte von Mutti oder Omi! Julia Rauch wandelt alte Rezepte gerne in vegane um. Das folgende Rezept ist die vegane Version der Apfeltorte ihrer Omi.

Für eine Torte mit 24 cm Durchmesser ▲ **Zubereitung:** 30 Minuten ▲ **Backzeit:** 60 Minuten
Kühlzeit: am besten über Nacht im Kühlschrank ▲ **Schwierigkeitsgrad:** mittel

Zutaten

Für den Teig
500 g Dinkelmehl Type 630
250 g vegane Margarine plus
    etwas für die Form
200 g Zucker
120 g pflanzliche Milch (Soja,
    Hefe, Mandel)
1 Msp. Schale von
    1 unbehandelten Zitrone
1 Pck. Vanillezucker
1 Pck. Backpulver

Für den Belag
1 kg Äpfel
1 l Apfelsaft
Mark von 1 Vanilleschote
1 Msp. Schale von
    1 unbehandelten Zitrone
80 g Speisestärke

Apfelspalten, Sojasahne und
    Puderzucker zum Garnieren

Zubereitung

Für den Teig alle Zutaten in eine Schüssel geben und von Hand gut vermischen. 200 g vom Teig abwiegen und in den Kühlschrank legen. Den restlichen Teig gleichmäßig in der gefetteten Kuchenform verteilen, auch am Rand. Die Form in den Kühlschrank stellen.

Für den Belag Äpfel schälen, entkernen und raspeln. 900 ml Apfelsaft in einen Topf geben, Vanillemark und Zitronenschale hinzufügen. Auch die Schote kann zum Apfelsaft gegeben werden.

Den Backofen auf 180 °C (Unter-/Oberhitze) vorheizen. Den Apfelsaft zum Köcheln bringen und die restlichen 100 ml vom Apfelsaft mit der Speisestärke gut vermischen. Sobald der Apfelsaft köchelt, die Schote entfernen, die Stärkemischung gut einrühren und das Ganze noch weitere 3 Minuten köcheln lassen.

Die geraspelten Äpfel mit dem Apfel-Vanille-Pudding vermengen und auf dem Teig verteilen. Die restlichen 200 g vom Teig in kleine Stücke reißen oder schneiden und auf der Torte verteilen.

Die Torte im vorgeheizten Backofen 60 Minuten backen. Anschließend die Torte vollständig auskühlen lassen und am besten über Nacht in den Kühlschrank stellen.

Die Torte mit Puderzucker bestauben und mit Apfelspalten dekorieren. Wer möchte, kann sich dazu Sojasahne aufschlagen und die Torte mit Sahne genießen.

Vanille-Zitronen- & Schoko-Orangen-Muffins

Egal ob für eine Feier oder einfach nur so für zwischendurch – Muffins gehen immer. Es gibt sie in den verschiedensten Varianten. Bei diesem Rezept ist sowohl für Vanille- als auch für Schokoladenliebhaber etwas dabei.

Für 24 Muffins ▲ Zubereitung: 15 Minuten ▲ Backzeit: 20–25 Minuten ▲ Schwierigkeitsgrad: leicht

Zutaten

Für die Vanille-Zitronen-Muffins
220 g Dinkelmehl Type 630
100 g Zucker
1 Pck. Backpulver
1 Pck. Vanillezucker
80 ml Sonnenblumenöl
150 ml pflanzliche Milch
100 g Soja- oder Haferjoghurt
Schale von 1 unbehandelten
  Zitrone

Für die Schoko-Orangen-Muffins
200 g Dinkelmehl Type 630
100 g Zucker
1 Pck. Backpulver
20 g Kakaopulver
80 ml Sonnenblumenöl
200 ml pflanzliche Milch
100 g Soja- oder Haferjoghurt
Schale von 1 unbehandelten
  Orange
Puderzucker zum Garnieren

Zubereitung

Den Backofen auf 180 °C (Umluft) vorheizen.
Für die Vanille-Zitronen-Muffins Mehl, Zucker, Backpulver und Vanillezucker in einer Schüssel mischen. Das Sonnenblumenöl, die pflanzliche Milch, Joghurt und Zitronenschale dazugeben und mit dem Schneebesen von Hand zu einem glatten Teig rühren. Den Teig auf zwölf Vertiefungen einer Muffinform aufteilen und im vorgeheizten Backofen 20–25 Minuten backen.

Für die Schoko-Orangen-Muffins Mehl, Zucker, Backpulver und Kakao in einer Schüssel mischen. Das Sonnenblumenöl, die pflanzliche Milch, den Joghurt und die Orangenschale dazugeben und mit dem Schneebesen von Hand zu einem glatten Teig rühren. Den Teig auf zwölf Vertiefungen einer Muffinform aufteilen und im vorgeheizten Backofen 20–25 Minuten backen.

Die abgekühlten Muffins mit der easy Schokomousse und verschiedenen Früchten dekorieren oder einfach mit Puderzucker bestauben.

Zitronen-Kokos-»Pannacotta«

Als leidenschaftliche Weltenbummlerin gibt es für Julia Rauch nichts Besseres, als mit einer Kokosnuss in der Hand am Strand zu sitzen und die Wellen zu beobachten. Wenn sie das Fernweh packt, erinnert sie sich immer gerne bei einer Zitronen-Kokos-»Pannacotta« an die wunderschönen Tage, die sie in den verschiedensten Ländern der Welt erleben durfte.

Für 4 Portionen ▲ **Zubereitung:** 20 Minuten ▲ **Kühlzeit:** 2 Stunden ▲ **Schwierigkeitsgrad:** mittel

Zutaten

200 g Kokoscreme
300 ml Kokosnussmilch
50 g Agavendicksaft oder Ahornsirup
50 g Zucker
Saft und Schale von 1 unbehandelten Zitrone
1 TL Agar-Agar
1 EL Tapiokastärke
verschiedene Früchte zum Garnieren

Zubereitung

Die Kokoscreme mit 250 ml Kokosnussmilch, Agavendicksaft, Zucker, Zitronenschale und -saft in einem Topf erhitzen.

Restliche Kokosnussmilch mit dem Agar-Agar und der Tapiokastärke gut mischen, zur erhitzten Kokosmasse geben und mit dem Schneebesen unterrühren. Das Ganze etwa 3 Minuten köcheln lassen. Dann vom Herd nehmen und etwas auskühlen lassen, anschließend die Masse auf vier Gläser aufteilen und zum Auskühlen in den Kühlschrank stellen.

Zum Schluss mit verschiedenen Früchten dekorieren und servieren.

»Käse-Sahne«-Torte

Eine Käse-Sahne-Torte ist durch ihren leichten und cremigen Geschmack zu einem altbewährten und allseits beliebten Klassiker geworden. Es wäre schade, sie aus dem eigenen Backrepertoire streichen zu müssen, weil es keine vegane Variante gibt. Julia Rauch stellt hier ihre eigene vegane Version der »Käse-Sahne«-Torte vor.

Für eine Torte mit 24 cm Durchmesser ▲ **Zubereitung:** 40 Minuten ▲ **Backzeit:** 40 Minuten
Kühlzeit: mindestens 2 Stunden, am besten über Nacht im Kühlschrank ▲ **Schwierigkeitsgrad:** schwer

Zutaten

Für den Biskuitteig
350 g Dinkelmehl Type 630
200 g Zucker
1 Pck. Vanillezucker
Schale von 1 unbehandelten Zitrone
1 Pck. Backpulver
75 ml Sonnenblumenöl
400 ml Mineralwasser mit Kohlensäure

Für die Füllung
200 ml pflanzliche Milch
50 g Zucker
2 EL Speisestärke
2 TL Agar-Agar
400 g Sojasahne
2 Pck. Sahnesteif
2 Pck. Vanillezucker
125 g Sojafrischkäse
Schale von 2 unbehandelten Zitronen
1 kleine Dose Tortenpfirsiche

Puderzucker und Sojasahne zum Garnieren und Servieren

Zubereitung

Den Backofen auf 180 °C (Umluft) vorheizen. Für den Biskuitteig Mehl und Zucker in eine Schüssel geben, Vanillezucker, Zitronenabrieb und das gesiebte Backpulver dazugeben. Das Sonnenblumenöl und das Mineralwasser zufügen und mit einem Schneebesen von Hand gut verrühren. Den Teig in eine gefettete Springform geben und bei 180 °C Umluft 40 Minuten backen. Stäbchentest machen.

Für die Füllung pflanzliche Milch mit Zucker, Speisestärke und Agar-Agar glatt rühren und erhitzen, bis die Masse eindickt. Den Topf vom Herd nehmen und etwas abkühlen lassen, immer wieder umrühren.

In der Zwischenzeit die Sojasahne mit dem Sahnesteif aufschlagen. Joghurt, Vanillezucker, Sojafrischkäse und Zitronenschale unter die Masse rühren und zum Schluss die aufgeschlagene Sojasahne unterheben.

Den Biskuitteig völlig auskühlen lassen; am besten bereitet man ihn schon einen Tag vorher zu. Biskuit mittig durchschneiden, wenn nötig den oberen Teil etwas begradigen. Den oberen Teil umgekehrt auf eine Tortenplatte geben und mit einem Tortenring umschließen. Den Boden mit dem Saft der eingelegten Pfirsiche tränken. Anschließend die ganze Creme darauf verteilen. Die Pfirsiche aus der Dose zu kleinen Würfeln schneiden und auf der Creme verteilen. Zwei Pfirsichhälften für die Garnitur beiseitelegen.

Den zweiten Tortenboden auf die Creme geben und die Torte im Kühlschrank am besten über Nacht kühlen. Die Sojasahne aufschlagen und die Torte mit Sahnetupfern dekorieren. Die zwei Hälften der Pfirsiche zu dünnen Scheiben schneiden und auf die Sahnetupfer legen. Zum Schluss die Torte noch mit etwas Puderzucker bestauben.

Je einfacher ein Gericht ist, desto besser schmeckt es

MOHAMED MADU HUSSIEN HUMUS DAS BIO BISTRO, BOZEN

Direkt im historischen Zentrum von Bozen, nur wenige Schritte hinter dem Waltherplatz, lädt ein ganz besonderes Lokal ein: das Humus Bio Bistro. Das nette kleine Bistro mit dem einladend gemütlichen Ambiente ist einerseits noch ein Geheimtipp – und doch im Herzen vieler Bozner schon tief verwurzelt.

2013 hat Mohamed Madu Hussien das Lokal mit dem Ziel eröffnet, seinen Gästen »eine vegetarisch-mediterrane Küche mit orientalischen Schwerpunkten und authentischen Gerichten« anzubieten.

Der gelernte Koch lebt und arbeitet nach Stationen rund um die Welt seit 1997 in Bozen. Er stammt aus Assuan in Ägypten und sieht als Angehöriger der nubischen Volksgruppe so manche Parallelen zur deutschsprachigen Bevölkerung in Südtirol: »Hier fühle ich mich wohl und hier habe ich meine zweite Heimat aufgebaut.« Eines hat ihm hier allerdings gefehlt: die Küche seiner Heimat. Diese tischt er heute unverfälscht und mit viel Liebe und Begeisterung im »Humus« auf.

Madu, wie ihn seine Gäste liebevoll rufen, legt großen Wert auf »Produkte und Gerichte mit Qualität, die biologisch, gesund und eben authentisch sind«. Gemeinsam mit seiner Frau Lenka präsentiert er den Bozenern auf den einfachen Holztischen die Küche seiner Mutter und die Küche seiner Heimat, die Gemüse und Hülsenfrüchte in all ihren Variationen in den Mittelpunkt stellt. »Piú semplice é, meglio é«, ist er überzeugt. »Je einfacher ein Gericht ist, desto besser schmeckt es.« Und dies über die Grenzen von Sprachen und Kulturen hinweg, freut sich der sympathische Gastronom. Die Gäste sollen sich im »Humus« mit seiner lokalen Ethno-Küche bei Baba Ganoush und Taboulé, Bruschette und Couscous und bei orientalisch-südtirolerischer Gastfreundschaft wohlfühlen. Madu hat dies auf Anhieb geschafft und ist mittlerweile zu einem festen Bestandteil der vielfältigen Südtiroler Küchenszene geworden.

HUMUS DAS BIO BISTRO, MOHAMED MADU HUSSIEN
Silbergasse 16 D, 39100 Bozen,
Tel. +39 0471 971961,
www.humus-bistro.com

Humus

Das Wort »Humus« (oder »Hummus«) bedeutet auf Arabisch »Kichererbse«. Die Hülsenfrucht bildet auch den Hauptbestandteil der traditionellen Vorspeise, die aus der orientalischen Küche nicht wegzudenken ist. Die Paste aus pürierten Kichererbsen wird dort traditionell als Mezze mit den gemischten Vorspeisen serviert. Humus schmeckt nicht nur gut. Humus ist unter anderem auch reich an Eisen und deshalb bei einer vegetarischen oder veganen Ernährung besonders geeignet.

Für 4 Personen ▲ **Zubereitung:** 10–15 Minuten ▲ **Schwierigkeitsgrad:** leicht

Zutaten

250 g gegarte Kichererbsen (aus der Dose)
2 Knoblauchzehen
1 Bund Petersilie
1 Msp. gemahlener Kreuzkümmel
1 TL süßes Paprikapulver
5 EL Olivenöl
5 EL Sesampaste (Tahin)
Saft von 1 Zitrone
Salz
frisch gemahlener schwarzer Pfeffer

Zubereitung

Die Kichererbsen in einem Sieb abtropfen lassen und das Wasser beiseitestellen. Knoblauch schälen und hacken. Petersilie waschen und die Blätter abzupfen. Alle Zutaten im Standmixer oder mit einem Pürierstab fein pürieren. Für die gewünschte cremige Konsistenz nach und nach etwas Kichererbsenwasser hinzufügen.

Tipp

Humus kann als Dip, als Beilage oder auf einer Bruschetta genossen werden. Dabei nach Belieben mit etwas süßem Paprikapulver, etwas Olivenöl und/oder Basilikumpesto garnieren.
Das Grundrezept lässt sich je nach Geschmack auch beliebig abwandeln.

Tipp

Humus kann als Dip, als Beilage oder auf einer Bruschetta genossen werden. Dabei nach Belieben mit etwas süßem Paprikapulver, etwas Olivenöl und/oder Basilikum-Pesto garnieren.
Das Grundrezept lässt sich je nach Geschmack auch beliebig abwandeln.

Baba Ganoush

Eine beliebte Alternative zum Humus ist Baba Ganoush, ein Püree der arabischen Küche aus Auberginen und Sesampaste. In der orientalischen Küche wird Baba Ganoush meist als Dip oder als Beilage mit Fladenbrot zu Falafeln serviert. Madu serviert mit seinem Baba Ganoush einen köstlichen veganen Auberginen-Dip, der auch zu Hause leicht zuzubereiten ist.

Für 4 Personen ▲ **Zubereitung:** 20 Minuten ▲ **Kochzeit:** 1 Stunde ▲ **Schwierigkeitsgrad:** leicht

Zutaten

4 Auberginen
2 Zwiebeln
3 Knoblauchzehen
Saft von 1 Zitrone
4 EL Sesampaste (Tahin)
1 TL Kümmelpulver
1 EL Weißweinessig
etwas Olivenöl
Salz

Zubereitung

Den Backofen auf 180 °C (Unter-/Oberhitze) vorheizen. Die Auberginen mit einer Gabel mehrfach einstechen und zusammen mit den ungeschälten Zwiebeln und den in Alufolie eingewickelten, geschälten Knoblauchzehen auf ein Backblech legen und im Backofen 1 Stunde schmoren.

Aus dem Ofen nehmen und etwas abkühlen lassen. Die Zwiebeln schälen, das Fruchtfleisch der Auberginen mit einem Löffel aus der Schale lösen und alles gemeinsam mit dem Knoblauch vermischen. Der Masse alle weiteren Zutaten hinzufügen und zu einer feinen Creme pürieren. Bei Bedarf noch etwas salzen und mit Zitrone abschmecken.

Nach Belieben mit Sesam, Schwarzkümmel und/oder gehackter Petersilie, Granatapfelkernen sowie etwas Olivenöl garnieren und servieren.

Tipp

Luftdicht verpackt und kühl gelagert hält sich der vegane Aufstrich bis zu einer Woche. Baba Ganoush kann auch problemlos eingefroren werden.

Taboulé

Aus seiner ägyptischen Heimat hat Madu auch das Taboulé, eine leichte und erfrischende Vorspeise oder Beilage, nach Bozen mitgebracht. Der frisch-fruchtige Bulgursalat besteht in seiner Originalversion aus gekochtem Bulgur, Tomaten, Zwiebeln, Petersilie, Minze, Olivenöl und Zitronensaft und wird nur mit Salz und Pfeffer gewürzt.

Für 4 Personen ▲ Zubereitung: 30 Minuten ▲ Kochzeit: 20 Minuten ▲ Schwierigkeitsgrad: leicht

Zutaten

300 g grober Bulgur
Salz
Schale von 1 unbehandelten Zitrone
Olivenöl
3 Tomaten
2 Frühlingszwiebeln
1 Handvoll Petersilie
1 Handvoll Minze
2 EL Zitronensaft
frisch gemahlener schwarzer Pfeffer

Zubereitung

Den Bulgur in Salzwasser – auf 1 Tasse Bulgur kommt 1 Tasse Wasser – mit etwas Zitronenschale und 1 TL Olivenöl 15–20 Minuten langsam köcheln lassen, bis das Wasser aufgesogen ist.

Die Tomaten mit kochendem Wasser übergießen, häuten und in kleine Würfel schneiden. Die Frühlingszwiebeln in dünne Scheiben schneiden. Das Gemüse mit gehackter Petersilie und zerkleinerten Minzeblättern mischen, mit Zitronensaft und etwas Olivenöl sowie mit Salz und Pfeffer abschmecken. Den Bulgur untermischen und etwas ziehen lassen. Bei Bedarf mit Pfeffer, Zitronensaft und Olivenöl nachwürzen.

Tipp

Das Taboulé kann mit getrockneten Tomaten, Oliven, geräuchertem Tofu, Rucola oder anderen Beilagen nach Belieben garniert und serviert werden.

Couscous Veggie

Orientalisches Flair zaubert Madu in seinem Bistro auch mit seinem traditionellen Gemüse-Couscous auf den Tisch. Das Gericht aus der nordafrikanischen und mediterranen Mittelmeerküche besteht aus zerriebenem Grieß aus Hartweizen und besticht mit seiner gesunden Einfachheit und seinen raffinierten Gewürzen und Aromen.

Für 4 Personen ▲ Zubereitung: 30 Minuten ▲ Kochzeit: 30–40 Minuten ▲ Schwierigkeitsgrad: leicht

Zutaten

400 g Couscous (Instant)
Salz
Olivenöl
1 Zwiebel
1 Tomate
1 Stück Ingwer
2 Karotten
2 Zucchini
200 g Weißkohl
gemahlener Kümmel
gemahlener Koriander
gemahlene Kurkuma
süßes Paprikapulver

Zubereitung

Couscous in einen Topf geben, mit 800 ml Salzwasser übergießen und 5–10 Minuten abgedeckt quellen lassen, bis das Wasser absorbiert ist. Danach mit einer Gabel den Couscous auflockern.

Zwiebel schälen und hacken. Tomate würfeln, Ingwer schälen und klein schneiden. Karotten schälen und klein schneiden, Zucchini in Scheiben schneiden und Weißkohl grob zerkleinern.

In einer Pfanne die Zwiebel und den Ingwer in etwas Olivenöl goldgelb anbraten und die Tomate hinzufügen. Mit Kümmel, Koriander, Kurkuma und Paprika würzen und einkochen lassen.

Karotten hinzugeben, etwas Wasser aufgießen und 10 Minuten köcheln lassen. Dann den Weißkohl hinzufügen und weitere 10 Minuten köcheln lassen. Zum Schluss die in Scheiben geschnittenen Zucchini untermischen und alles weich kochen.

Das Gemüse mit dem Couscous vermischen und bei Bedarf nach Geschmack nachwürzen.

Umm Ali

Umm Ali ist ein süßer Brotauflauf aus Blätterteig und Milch. Madu hat das unkomplizierte und verführerisch wohlschmeckende warme Dessert aus seiner Heimat Ägypten mitgebracht. Das Rezept ist über 1000 Jahre alt und stammt angeblich von der nubischen Königin Umm Ali, von »Alis Mutter«.
Die beliebte Süßspeise gibt es in zahlreichen Variationen mit unterschiedlicher Zusammensetzung. In unseren Breitengraden erinnert das Rezept an Omas »Scheiterhaufen«, der mit Semmeln, Äpfeln, Rosinen, Eiern und Zimt gebacken wird.

Für 4 Personen ▲ **Zubereitung:** 10 Minuten ▲ **Backzeit:** 10 Minuten ▲ **Schwierigkeitsgrad:** leicht

Zutaten

2–3 kleine, altbackene Croissants (Blätterteig)
2 EL Walnusskerne
2 EL Rosinen
brauner Zucker
1 Msp. gemahlener Zimt
400 ml Mandelmilch

Apfelspalten und Minzeblätter zum Servieren

Zubereitung

Den Backofen auf 180–200 °C (Unter-/Oberhitze) vorheizen. Die Croissants in Stücke reißen und auf vier kleine Auflaufformen verteilen. Die Walnusskerne hacken und mit den Rosinen unter die Croissantstücke mischen. Mit braunem Zucker und Zimt würzen.

Die Mandelmilch erwärmen und schaumig schlagen. Dann mit der Milch die Formen auffüllen (die Menge hängt von der Größe der feuerfesten Form ab). Etwas Zucker und Zimt daraufstreuen und das Dessert im vorgeheizten Backofen etwa 5–10 Minuten überbacken, bis die Oberfläche schön goldgelb gratiniert ist.

Tipp

Das Umm Ali mit einigen dünnen Apfelspalten und Minzeblättern garnieren und heiß servieren.

Gesundheit und Wohlbefinden

MARKUS STOCKER & VIKTORIA FORCHER L'INSALATINA SALADBAR, MERAN

»Wir haben das L'insalatina gegründet, weil uns die Leidenschaft für gute, lokale und frische Lebensmittel am Herzen liegt und wir uns gefragt haben, wie man gesunde Ernährung einfach und selbstverständlich in den Alltag integrieren kann. So entstand ein Konzept, welches für Frische, Regionalität und – vor allem – für Gesundheit und Wohlbefinden steht.« Markus Stocker ist der Macher und Inhaber hinter dem neuen Meraner Szenelokal.

Markus Stocker kommt aus der Jugendarbeit und hat dort seine Passion für das Eventmanagement gefunden. Als Shopmanager hat er den Fakieshop Schlanders von null auf mit aufgezogen, die Band Mainfelt gemanagt, im Pub Taka Tuka in Schlanders ausgeholfen und dann seinen Jack+King, einen Conceptstore für Qualitätsbekleidung für Männer mit integrierter Bar und Barbershop, gegründet. Mit seiner Partnerin Viktoria Forcher hat Markus Stocker im März 2021 das L'insalatina in Meran eröffnet. Aus einer großen Auswahl frischer Basis-, Standard- und Premiumzutaten kann sich der Gast, je nach Jahreszeit einem variierenden Angebot entsprechend, den perfekten Salatteller nach eigenem Geschmack zusammenstellen lassen. Mittags und vor allem in den kälteren Monaten wird das vegane rote/gelbe/grüne Curry angeboten. Im Angebot gibt es auch frische Frühstücksbowls, welche man nach Belieben zusammenstellen kann – erweitert mit Porridge, Müsli, Waffles, verschiedenen Smoothies und Kaffees.

L'INSALATINA SALADBAR MERAN, MARKUS STOCKER

Laubengasse 242 H – Pobitzergalerie, 39012 Meran, Tel. +39 338 1725780, www.insalatina.com

Bunter Salatteller mit gedünstetem Mangold und fruchtigem Dressing

Ein herrlich erfrischendes Salatrezept für die heißen Sommertage – abgerundet mit einem exotischen Dressing. Perfekt für ein leichtes Mittag- oder Abendessen.

Für 4 Personen ▲ Zubereitung: 20 Minuten ▲ Schwierigkeitsgrad: leicht

Zutaten

Für den Salat
100 g bunter Mangold
Olivenöl zum Braten
Salz
frisch gemahlener schwarzer Pfeffer
40 g rote Tropea-Zwiebeln
Paprikapulver
100 g Blattsalat (Gentile oder Lollo)
50 g Cocktailtomaten
50 g Karotten
1 Handvoll Walnusskerne
schwarzer Sesam zum Garnieren

Für das Dressing
60 ml Sesamöl
25 ml weißer Balsamicoessig
50 ml frischer Orangensaft
25 ml frischer Passionsfruchtsaft
25 g mittelscharfer Senf
1 EL gehackte Petersilie

Zubereitung

Für den Salat den Mangold waschen und in mundgerechte Stücke schneiden. Etwas Olivenöl in einer Pfanne erhitzen und Mangold darin anbraten. Mit Salz und Pfeffer würzen. Aus der Pfanne nehmen und abkühlen lassen. Die roten Zwiebeln schälen und in Ringe schneiden, kurz in heißem Olivenöl anschwitzen (sie sollten noch bissfest sein), mit Salz, Pfeffer und Paprikapulver würzen.

Anschließend den Salat waschen, in einer Salatschleuder trockenschleudern und grob zerkleinern. Die Tomaten waschen und halbieren. Karotten schälen und fein raspeln. Alle Zutaten in einer Schüssel anrichten und mit den Walnüssen und Sesam garnieren.

Für das Dressing alle Zutaten mischen und eventuell mit einem Stabmixer mixen, damit sie sich schön verbinden. Zum Schluss die gehackte Petersilie unterrühren.

Salat anrichten und mit dem Dressing beträufeln.

Gelbes Gemüse-Curry mit Kurkuma

Dieses gelbe Gemüse-Curry wirkt wärmend und ist ein passendes Gericht für die kalte Jahreszeit. Im L'insalatina erhält es mit Kurkuma und Ingwer den besonderen Pfiff.

Für 4 Personen ▲ **Zubereitung:** 40 Minuten ▲ **Kochzeit:** 30 Minuten ▲ **Schwierigkeitsgrad:** mittel

Zutaten

120 g Zwiebeln
2 Knoblauchzehen
5–10 g Ingwer
5–10 g Kurkumawurzel (alternativ 1 TL gemahlene Kurkuma)
4 gelbe Paprika (ca. 400 g)
Olivenöl zum Braten
½ TL Currypulver
4 Zitronenblätter
500 ml Kokosmilch
1 Brokkoli (ca. 300 g)
200 g Champignons
150 g Datteltomaten
Saft von 2 Limetten
200 g gekochter Basmatireis
Salz
frisch gemahlener schwarzer Pfeffer

schwarzer Sesam oder gehackte Petersilie zum Garnieren

Zubereitung

Zwiebeln und Knoblauch schälen und grob zerkleinern. Ingwer und Kurkumawurzel schälen und fein reiben. Paprikaschoten putzen, waschen und grob zerkleinern. Olivenöl in einem Topf erhitzen und Zwiebeln, Knoblauch, Ingwer und Kurkuma darin leicht anbraten. Paprikastücke hinzugeben und mitbraten. Currypulver und Zitronenblätter in den Topf geben und kurz mit anbraten.

Mit der Kokosmilch ablöschen, aufkochen und 20 Minuten leicht köcheln lassen. Danach mit einem Stabmixer alles fein mixen.

In der Zwischenzeit den Brokkoli waschen, in mundgerechte Röschen schneiden, die Champignons putzen und halbieren, die Tomaten waschen und halbieren. Brokkoli in den Topf geben und in ca. 10 Minuten weich kochen, kurz vor Garende Champignons und Tomaten hinzufügen und mit dem Saft der Limetten verfeinern. Mit Salz und Pfeffer abschmecken und mit dem gekochten Basmatireis servieren.

Das Curry mit schwarzem Sesam oder gehackter Petersilie garniert anrichten.

Portwein-Feigen-Kuchen mit Zartbitterschokoladenmousse

Das Wasser läuft einem schon beim Titel dieses Rezepts im Mund zusammen. L'insalatina-Patissière Carolin Mach präsentiert einen delikat-verführerischen Portwein-Feigen-Kuchen mit Zartbitterschokoladenmousse. Der schmeckt bei jeder Gelegenheit und zu jeder Jahreszeit.

Für einen Tortenring (26 cm Durchmesser) ▲ **Zubereitung:** 30 Minuten ▲ **Ruhezeit:** 2 Stunden ▲ **Backzeit:** 15–20 Minuten
Schwierigkeitsgrad: mittel

Zutaten

Für den Belag
frische Feigen
300–400 ml Portwein

Für den Boden
250 g Weizenmehl Type 405
1 TL Backpulver
50 g dunkler Backkakao
160 g brauner Zucker
90 ml Pflanzenöl
   (Sonnenblumenöl, Rapsöl)
200 ml Mineralwasser
80 ml Portwein
1 Msp. gemahlener Zimt
Mark von 1 Vanilleschote
Salz

Für die Mousse
300 ml dickflüssige Kokosmilch
30 g pflanzliche Margarine
20 g brauner Zucker
200 g Zartbitterkuvertüre
   (mindestens 70 % Kakaogehalt)
1 Msp. gemahlener Zimt
Mark von 1 Vanilleschote

fein gehackte Pistazienkerne zum
   Garnieren

Zubereitung

Für den Boden den Tortenring mit Backpapier einschlagen und auf ein Blech setzen. Für den Belag Feigen vierteln und in eine Schüssel geben. Portwein lauwarm erwärmen, über die Feigen gießen und die Feigen darin 2 Stunden ziehen lassen.

Backofen auf 160 °C (Umluft) vorheizen. Mehl, Backpulver und Kakao mischen und in eine Rührschüssel sieben. Zucker untermischen. Restliche Zutaten unterrühren (langsam rühren, nicht schlagen!). Die Masse in den vorbereiteten Tortenring füllen, glatt verstreichen und im vorgeheizten Backofen 15–20 Minuten backen. Den Boden anschließend vollständig auskühlen lassen.

Für die Mousse die Kokosmilch mit der Margarine und dem Zucker erhitzen (nicht kochen!) und anschließend die Kuvertüre einrühren, bis sie sich vollständig aufgelöst hat. Zum Schluss Zimt und Vanillemark unterrühren. Die Mousse leicht abkühlen lassen, in den Tortenring auf den Boden füllen und anschließend kalt stellen.

In der Zwischenzeit die Portweinfeigen abseihen und gut trockentupfen. Sobald die Mousse fest geworden ist, den Kuchen aus dem Tortenring schneiden (am besten mit einem heißen Messer) und die Portweinfeigen auf der Mousse verteilen. Den Kuchen mit gehackten Pistazien bestreuen.

Lebkuchen-Bratapfel-Kuchen

In der Advents- und Weihnachtszeit umgibt uns der Duft von Lebkuchen und Bratäpfeln und verführt uns in wohlige und wärmende Atmosphären. Der Lebkuchen-Bratapfel-Kuchen von L'insalatina-Patissière Carolin Mach begeistert den ganzen Herbst und den ganzen Winter über. Dazu eine Tasse heißen Glühwein oder Apfelglühmix – was will man mehr?

Für eine Springform (26 cm Durchmesser) ▲ **Zubereitung:** 30 Minuten ▲ **Backzeit:** 20 Minuten
Schwierigkeitsgrad: leicht

Zutaten

Für den Teig
300 g Weizenmehl Type 405
10 g Lebkuchengewürz
150 g brauner Zucker
1 TL Backpulver
1 geraspelter Apfel (Red Moon)
200 ml Mineralwasser
60 ml Rum
90 g neutrales Speiseöl
   (Sonnenblumen- oder Rapsöl)
   plus etwas für die Form

Für den Belag
1 Apfel
Himbeerkonfitüre

Zubereitung

Backofen auf 160 °C (Umluft) vorheizen. Für den Teig alle Zutaten miteinander verrühren und in die gefettete Springform füllen. Für den Belag Apfel schälen, entkernen und in Spalten schneiden. Kuchen mit den Apfelscheiben belegen und im vorgeheizten Backofen 20 Minuten backen.

Abkühlen lassen und mit heißer Himbeerkonfitüre bestreichen. Nach Belieben mit Gewürzen (Zimtstangen, Sternanis oder Gewürznelken) garnieren.

Vegan und slow: Bewusstes und genussvolles Törggelen

CARMEN & HANNES AUGSCHÖLL
WEINGUT RÖCK, VILLANDERS

Im Eisacktal hat das Törggelen eine lange Tradition. Der Begriff geht wohl auf das lateinische »torquere« zurück, was so viel wie »pressen« bedeutet und auf die »Torrgl«, die Weinpresse, hinweist. Nach altem Brauch kamen Bauern, Wirte und Weinhändler zwischen Anfang Oktober und dem Beginn der Adventszeit in den Weinkellern zusammen, um das Ergebnis der Ernte – den jungen Wein – zu verkosten und Speck und die frischen Würste zu probieren. Auch im Weingut Röck in Villanders wird schon seit jeher in der alten Bauernstube »getörggelt«.
Mama Frieda zaubert heute das Törggele-Menü. Oma Maria, Jahrgang 1929, ist noch immer fleißig beim »Pitschen« der Schlutzkrapfen und Ausrollen der Kartoffelblattln mit dabei. Tochter Carmen ist nach einem Jahrzehnt zwischen Wien, Seoul und dem amerikanischen Kontinent wieder zurück in der Natur – als Winzerin, Yogalehrerin, Weinakademikerin, Sauerteigbrot-Bäckerin – und voller Ideen. So gibt es beim Röck seit Kurzem auch ein veganes und ein vegetarisches Törggele-Menü im Angebot. »Fleischloses Törggelen ist keine Hexerei. Die Vorbereitung veganer Speisen dauert zwar länger, aber wenn die Gäste da sind, gibt es in der Küche keinen Stress mehr.« Carmen Augschöll (im Bild rechts) ist überzeugt: »Es braucht nur ein bisschen Mut zum Experimentieren, die Gäste lassen sich gerne an das Neue heranführen.«

Vater Konrad ist Weinbauer und Schnapsbrenner aus Leidenschaft. Er begann 1998 damit, seinen Wein selbst abzufüllen. Den Jahrgang 2019 am Röckhof prägte Sohn Hannes mit einem Schuss Aufbruchsstimmung erstmals wesentlich mit. Am Röckhof werden 2,5 Hektar Weinberge auf schottrigen Quarzphyllit-Böden auf einer Meereshöhe zwischen 550 und 700 Meter bewirtschaftet. Im Keller wird so wenig als möglich eingegriffen. Hannes Augschöll (im Bild links): »Wir wollen kein Schnickschnack, sondern authentische, lebendige Weine. Unsere Weine sind saftig, haben einen guten Trinkfluss und sind bekömmlich. Wer unseren Wein trinkt, soll essen, lachen und viel reden.«

**WEINGUT RÖCK,
FAMILIE AUGSCHÖLL**
St. Valentin 22, 39040 Villanders,
Tel. +39 0472 847 130, www.roeck.bz

Veganes Törggele-Menü im Weingut Röck

Röck-Turm – kleine Marende zum Teilen:

Rote-Bete-Tartar | geräucherte Karotte | fermentierte Kastanie | Brot

Kürbissuppe

Kartoffelblattln & gedünstetes Weißkraut

Grüne Villanderer Krapfen »Vide Krapfen«

Spinatknödel

Süße Villanderer Krapfen:

Mohn | Nuss | Zwetschgen | Preiselbeere | Apfel

Gebratene Kastanien

Apéro Dreierlei

Frieda und Carmen Augschöll vom Weingut Röckhof interpretieren in ihrem Buschenschank die Südtiroler Herbstzeit und das traditionelle Törggelen neu: Zum Einstieg gibt es geräucherte Karotten, ein Rote-Bete-Tartar und fermentierten Kastanienaufstrich.

Geräucherte Karotten

Die Karotten werden in der 400 Jahre alten Küche am Röckhof geräuchert. Falls gerade keine Selchküche zur Verfügung steht: Liquid Smoke gibt mit seinem Raucharoma jedem Gericht einfach und schnell eine rauchige Note.

Für 4 Personen ▲ Zubereitung: 20 Minuten ▲ Kochzeit: 8 Minuten ▲ Schwierigkeitsgrad: leicht

Zutaten

2–3 mittelgroße Karotten

Für die Marinade
1 EL Olivenöl
1 EL Weißweinessig
Salz
frisch gemahlener Pfeffer
1 EL klein geschnittener Dill

Zubereitung

Die ganzen Karotten waschen. Dann 8 Minuten dämpfen und abkühlen lassen. Die Karotten räuchern oder Liquid Smoke verwenden.

Die Zutaten für die Marinade verrühren. Karotten raspeln und mit der Marinade vermengen.
Mit Dill garnieren und sofort genießen oder für eine Nacht im Kühlschrank ziehen lassen.

Rote-Bete-Tartar

Für 4 Personen ▲ Zubereitung: 15 Minuten ▲ Kochzeit: 30 Minuten ▲ Schwierigkeitsgrad: leicht

Zutaten

4 Rote Beten
1 große Zwiebel
1 EL Olivenöl
2 TL Senf
1 TL Preiselbeerkonfitüre
2 Walnusskerne
Salz
frisch gemahlener schwarzer Pfeffer

Zubereitung

Die Rote Beten kochen, abkühlen lassen, schälen und grob raspeln. Zwiebel schälen und hacken.

Olivenöl in einer Pfanne erhitzen und die Zwiebel darin glasig schwitzen. Etwas abkühlen lassen, dann den Senf einrühren. Zwiebel-Senf-Mischung mit der Roten Bete vermengen.

Preiselbeerkonfitüre unterziehen, Walnusskerne mahlen und mit Salz und Pfeffer hinzugeben.

Fermentierter Kastanienaufstrich

Für 4 Personen ▲ Zubereitung: 10 Minuten ▲ Kochzeit: 10–15 Minuten ▲ Fermentationszeit: 5 Tage ▲ Schwierigkeitsgrad: leicht

Zutaten

250 g Esskastanien
80 g Zwiebeln
1 TL Salz

Zubereitung

Die Kastanien 15–20 Minuten kochen, mit kaltem Wasser abschrecken und möglichst heiß schälen. 200 g Kastanien mit einer Gabel zerdrücken.

Zwiebeln schälen und in Ringe schneiden. Zwiebelringe, 40 ml lauwarmes Wasser und Salz zu den Kastanien geben. Alles gut vermischen und eventuell die Kastanien nochmals leicht zerdrücken. Das Kastanienpüree in ein Glas füllen und luftdicht verschließen. 5 Tage bei Zimmertemperatur stehen lassen. Der Aufstrich hält dann im Kühlschrank für mehrere Wochen. Geräucherte Karotten, Rote-Bete-Tartar und den fermentierten Kastanienaufstrich auf drei kleinen Tellern anrichten und servieren.

Spinatknödel

Knödel sind das Südtiroler Traditionsgericht. Mit den Spinatknödeln vom Röckhof kommt man durch die kalte Jahreszeit, sind Frieda und Carmen Augschöll überzeugt: »Dank des hohen Gehalts an Mineralien, Vitaminen und Eiweiß schenkt Spinat den notwendigen Schwung für den Alltag.«

Für 4 Personen ▲ **Zubereitung:** 30 Minuten + 1 Stunde Ruhezeit + 15 Minuten Quellzeit ▲ **Kochzeit:** 10 Minuten
Schwierigkeitsgrad: mittel

Zutaten

3 EL Flohsamenschalen
300 g Blattspinat
1 Msp. geriebene Muskatnuss
Salz
frisch gemahlener schwarzer Pfeffer
200 g Knödelbrot (altbackenes Weißbrot)
40 g Zwiebeln
1 Knoblauchzehe
50 ml Pflanzenöl (Sonnenblumen- oder Rapsöl)
1 EL gehackte Petersilie
100 ml pflanzliche Milch
1 EL Weizenmehl

Olivenöl zum Beträufeln und Schnittlauchröllchen zum Garnieren

Zubereitung

Flohsamenschalen und 300 ml Wasser verrühren und 15 Minuten quellen lassen. Den Spinat waschen, kurz blanchieren, ausdrücken und fein hacken. Mit Muskatnuss, Salz und Pfeffer abschmecken.

Das Knödelbrot in kleine Stücke schneiden und in eine Schüssel legen. Zwiebeln und Knoblauch schälen und fein hacken. Pflanzenöl erhitzen und die Zwiebeln darin goldgelb anschwitzen. Knoblauch und Petersilie hinzufügen und mit anschwitzen.

Den Pfanneninhalt zu den Weißbrotwürfeln geben und alles gut vermengen. Die gequollenen Flohsamenschalen mit der Milch verrühren und über die Brotmischung gießen. Den Spinat dazugeben, alles gründlich vermengen und 1 Stunde abgedeckt ruhen lassen.

Das Mehl unter die Masse rühren und mithilfe eines Esslöffels (oder mit den Händen) kleine, runde Knödel formen. Diese in kochendem Salzwasser ungefähr 10 Minuten köcheln lassen. Die Knödel auf Tellern anrichten, mit etwas Olivenöl beträufeln und mit Schnittlauch garnieren. Dazu schmecken ein Tomatensalat oder Ofentomaten.

Kartoffelblattln mit gedünstetem Weißkohl

Häufig werden *Kartoffelblattln* zu Sauerkraut gegessen. Küchenchefin Frieda hat die *Blattl* als Kind immer mit Weißkohl serviert bekommen. Im Röckhof wird diese Tradition fortgeführt. Ein Geheimtipp: Gerne das letzte Kartoffelblattl mit Zimt und Zucker oder einer hausgemachten Konfitüre genießen.

Für 4 Personen ▲ Zubereitung: 75 Minuten ▲ Backzeit: 10 Minuten ▲ Schwierigkeitsgrad: mittel

Zutaten

Für den Teig
200 g gegarte Kartoffeln
180 g Weizenmehl Type 405
1 kleines Glas Treber/Grappa
Salz
Pflanzenöl zum Ausbacken

Für den Weißkohl
1 kg Weißkohl
1 Zwiebel
2 Knoblauchzehen
Pflanzenöl zum Braten
frisch gemahlener schwarzer Pfeffer
gemahlener Anis

Zubereitung

Für den Teig die Kartoffeln mit einer Kartoffelpresse passieren und abkühlen lassen. Mehl, Treber und Salz dazugeben und zu einem Teig kneten. Den Teig zu etwa 2 cm dicken Rollen formen. Mit einem Messer 2 cm lange Stücke abschneiden. Diese einzeln mit der Teigrolle zu runden Blättern (6–8 cm Durchmesser) ausrollen und an einem kühlen Ort ruhen lassen, während der Weißkohl zubereitet wird.

Für den Weißkohl den Weißkohl halbieren bzw. vierteln und den Strunk herausschneiden. Den Weißkohl fein hobeln. Zwiebel und Knoblauch schälen und fein hacken. Das Öl erhitzen und Zwiebel und Knoblauch darin anschwitzen. Den Weißkohl dazugeben und bei schwacher bis mittlerer Temperatur garen. Mit Salz, Pfeffer und Anis abschmecken und warm halten.

Die Kartoffelblattln im heißen Öl auf beiden Seiten goldgelb backen. Kurz über einem Sieb abtropfen lassen. Auf Tellern anrichten und mit dem warmen Weißkohl servieren.

Süße Villanderer Krapfen

Laut Oma Maria sollen die süßen Krapfen aus Villanders besonders mürbe sein. Mit leckeren Konfitüren oder einer Nuss- oder Mohnfüllung sind sie ein Highlight beim Törggelen und eine willkommene Belohnung für Körper, Geist und Seele.

Für 4 Personen ▲ Zubereitung: 75 Minuten ▲ Backzeit: 10 Minuten ▲ Schwierigkeitsgrad: mittel

Zutaten

Für den Teig
300 g Weizenmehl Type 405
200 g Roggenmehl Type 815
100 g Margarine
250 ml Weißwein
1 kleines Glas Treber/Grappa
Salz
Öl zum Ausbacken
Puderzucker zum Bestauben
 (nach Belieben)

Konfitürenfüllung nach Wahl
Am Röckhof werden hausgemachte Konfitüren verwendet: Apfel, Preiselbeere und Zwetschge
80 g pro Konfitüre

Für die Nussfüllung
50 g Walnusskerne
30 g Semmelbrösel
Mark von 1 Vanilleschote
1 EL Agavendicksaft oder Zucker

Für die Mohnfüllung
50 g gemahlener Mohn
30 g Semmelbrösel
1 EL Agavendicksaft oder Zucker
Saft und Schale von
 1 unbehandelte Zitrone

Zubereitung

Für den Teig Weizen- und Roggenmehl in einer Schüssel mischen. Die Margarine in einem Topf schmelzen. Weißwein, Treber und Salz zur geschmolzenen Margarine geben, kurz umrühren und zum Mehl geben. Alle Zutaten gut vermengen und zu einem Teig kneten.

Für die Nussfüllung Walnusskerne mahlen. Walnüsse, Semmelbrösel, Vanillemark und Agavendicksaft (oder Zucker) in einer Schüssel vermischen. 2 EL warmes Wasser zugeben und rühren, bis eine cremige Masse entsteht.

Für die Mohnfüllung Mohn, Semmelbrösel, Agavendicksaft (oder Zucker), Zitronensaft und -schale in einer Schüssel mischen. 2 EL warmes Wasser zugeben und rühren, bis eine cremige Masse entsteht.

Den Teig zu 2 cm dicken Rollen formen. Mit einem Messer ungefähr 2 cm lange Stücke abschneiden. Diese einzeln mit der Nudelmaschine (mittlere Stufe) walzen, anschließend mit der Teigrolle zu ovalen Blättern (20 x 5 cm) ausrollen.

Die Füllungen mit einem Spritzbeutel oder mit einem Messer längs in der Mitte der Teigblätter auftragen. Die Teigblätter der Länge nach zusammenklappen. Die Ränder mit den Fingern fest andrücken (»pitschen«). Den Rand mit einem »Krapfenradl« (falls vorhanden) abschließen.
Die Krapfen im heißen Öl auf beiden Seiten goldgelb backen. Auf Küchenpapier abtropfen lassen, auf einem Teller anrichten und lauwarm genießen.

Die Welt der Pizza ist sehr vielseitig

DANIEL BAUR
PIZZERIA CENTRAL,
VILPIAN

Klassisch versus speziell, vegetarisch oder vegan versus fleischig, deftig versus süß – egal wonach dem Gast gerade der Sinn steht, in der Pizzeria Central in Vilpian kommt jeder Pizza-Fan auf seine Kosten.

Daniel Baur hat das Handwerk von seinem Vater Werner erlernt. Der ist bereits seit 1996 Pizzaiolo. Die Pizza im Central steht für die Verwendung von saisonalen und regionalen Produkten. Darauf wird großer Wert gelegt. »Wir belegen oder füllen unsere Pizza nur mit den besten Zutaten aus unserer Umgebung«, unterstreicht Daniel Baur.

Die Welt der Pizza ist sehr vielseitig. Neben der römischen Variante mit dem dünnen, knusprigen Boden stammt der eigentliche Klassiker aus Neapel: die Pizza Napoletana. 1984 wurde als Reaktion auf den Vormarsch von Fastfood- und Tiefkühlpizzen die Associazione Verace Pizza Napoletana gegründet, die genaue Vorgaben für die Zutaten und Zubereitung der echten Pizza Napoletana festgelegt hat. In den Teig darf demnach ausschließlich Weizenmehl, Hefe, Wasser und Salz, und das auch nur in bestimmten Mengenverhältnissen – eine vegane Ausgabe par excellence. 2017 wurde die Pizza Napoletana sogar zum UNESCO-Weltkulturerbe ernannt.

»Ob der Pizzaiolo sein Handwerk beherrscht, zeigt sich erst so richtig, wenn man eine vegane Pizza ohne Käse bestellt«, ist Daniel Baur überzeugt. »Dann offenbart sich die Qualität von Teig und Sauce und jene der tatsächlichen Handarbeit des Pizzabäckers – ohne dass diese von intensivem Käsegeschmack verfälscht werden.«

**PIZZERIA CENTRAL,
DANIEL BAUR**

Meranerstraße 40, 39018 Vilpian,
Tel. +39 371 4690685,
www.pizzeria-central.com

Pizza-Grundteig

In Italien und auch in Südtirol hat die Pizza Kultstatus und präsentiert sich mit unbegrenzten Möglichkeiten. Vegan schmeckt die Pizza genauso köstlich wie in ihren klassischen Varianten. Eine der ersten beiden Pizzen, die in Neapel erfunden wurden, war vegan, die Marinara: mit Tomatensauce, Kräutern, Knoblauch, Olivenöl und sonst nichts. Die andere, die ihren Namen im 18. Jahrhundert von Königin Margherita geerbt hat, ist mit ihrer Tomatensauce, mit Mozzarella und Basilikum vegetarisch. Die Pizzen mit Belag kamen erst viel später dazu.

Für 4–10 Personen ▲ **Zubereitung:** 35 Minuten + mindestens 5 Stunden Ruhezeit ▲ **Schwierigkeitsgrad:** mittel

Zutaten

Für den Teig
- 25 g feines Salz
- 10 g frische Hefe
- 1 kg Weizenmehl 00 (oder Type 405)

Zubereitung

500 ml Wasser, Salz und Hefe vermischen. Langsam das Mehl zugeben und mit dem Handrührgerät einrühren. Den Teig 20 Minuten rühren. Anschließend aus dem Teig Kugeln zu je 200 g formen. Diese für ca. 15 Minuten gehen lassen und danach im Kühlschrank mindestens 5 Stunden ruhen lassen. 30 Minuten vor Weiterverwendung den Teig aus dem Kühlschrank holen, dünn ausrollen – rund oder viereckig, je nach Belieben – und mit den gewünschten Zutaten belegen.

Vegane Gemüse-Pizza

Für 1 Person ▲ Zubereitung: 20 Minuten ▲ Schwierigkeitsgrad: leicht

Zutaten

1 gelbe Paprika
1 Aubergine
1–2 Zucchini
Salz
Blattspinat (frisch oder tiefgefroren)
1 Radicchio
2 reife Tomaten (alternativ Cocktailtomaten)
einige frische Champignons
1 Teigkugel (200 g, Grundrezept)
Tomatensauce
evtl. getrockneter Oregano

Zubereitung

Die Paprika putzen, waschen und in Streifen schneiden. Aubergine und Zucchini waschen, die Enden abschneiden und beides in Scheiben schneiden. Auberginen und Zucchini mit etwas Salz bestreuen und in einer Grillpfanne braten. Den Spinat je nach Verfügbarkeit blanchieren oder auftauen und salzen. Den Radicchio, die Tomaten und die Champignons in Spalten schneiden und salzen.

Den Backofen auf 250 °C (Ober-/Unterhitze) vorheizen. Den Teig ausrollen und mit Tomatensauce bestreichen: nicht zu dünn, denn ansonsten verbrennt der Pizzaboden, und nicht zu viel, da zu viel Tomatensauce den Teig zu sehr aufweicht. Mit dem Gemüse nach Belieben belegen und anschließend im vorgeheizten Backofen je nach gewünschter Bräunung etwa 15–18 Minuten backen. Vor dem Servieren nach Belieben mit etwas Oregano bestreuen.

Vegane Kürbis-Pizza

Für 1 Person ▲ Zubereitung: 15 Minuten ▲ Schwierigkeitsgrad: leicht

Zutaten

1 Teigkugel (200 g, Grundrezept)
Tomatensauce
dünne, gebratene Kürbisscheiben
Rucola (Rauke)
Kürbiskernöl

Zubereitung

Den Backofen auf 250 °C (Ober-/Unterhitze) vorheizen.
Den Teig ausrollen und mit Tomatensauce bestreichen: nicht zu dünn, denn ansonsten verbrennt der Pizzaboden, und nicht zu viel, da zu viel Tomatensauce den Teig zu sehr aufweicht. Den Teig mit dünnen Kürbisscheiben gleichmäßig belegen und anschließend im vorgeheizten Backofen je nach gewünschter Bräunung etwa 15–18 Minuten backen.
Vor dem Servieren mit Rucola belegen und mit Kürbiskernöl beträufeln.

Veganer Burger mit Knoblauchsauce

Untypisch, einfach und neu: Grillgemüse ist nichts Neues, ein Burger ebenso wenig. Die Kombination von beidem zusammen mit einer hausgemachten veganen Knoblauchsauce (Mayo) macht diesen veganen Burger in einem angetoasteten Sesambrot erst speziell und zu einer willkommenen Abwechslung an einem Grillabend oder als schneller Mittagssnack.

Für 4 Personen ▲ **Zubereitung:** 30 Minuten ▲ **Kochzeit:** 10 Minuten ▲ **Schwierigkeitsgrad:** leicht

Zutaten

Für die vegane Knoblauchsauce
3 Knoblauchzehen
2 EL Senf
Salz
Saft von ½ Zitrone
300 ml Samenöl
200 ml ungesüßte Sojamilch
gehackte Petersilie
Schnittlauchröllchen

Für den Burger
1 gelbe Peperoni
1 Zucchini
1 kleine Aubergine
2 Tomaten
1 gelbe oder rote Zwiebel
Salz
frisch gemahlener Pfeffer
4 Burger-Brötchen mit Sesam
100 g Rucola (Rauke)

Zubereitung

Für die Knoblauchsauce Knoblauch schälen und fein hacken. Mit Senf, Zitronensaft und Salz in den Mixer geben und diesen auf mittlerer Stufe laufen lassen, bis die Zutaten sich gut verbunden haben. Langsam das Samenöl dazugeben, bis die Masse sich wie bei einer klassischen Mayonnaise verdickt. Den Inhalt des Mixers in ein Gefäß umfüllen und mit den klein gehackten Kräutern vermengen. Im Kühlschrank lagern. Die Sauce hält dort mindestens 4 Tage.

Für die Burger die Peperoni in Streifen schneiden. Zucchini und Aubergine waschen, die Enden abschneiden und beides in Scheiben schneiden. Tomaten waschen und in Scheiben schneiden. Zwiebel schälen und in Ringe teilen. Das Gemüse in einer Grillpfanne anrösten und mit Salz und Pfeffer abschmecken.

Die Burger-Brötchen durchschneiden und ebenfalls anrösten. Rucola waschen und trockentupfen. Rucola auf die unteren Hälften legen, das restliche Gemüse daraufschichten und mit der veganen Knoblauchsauce drapieren. Obere Brötchenhälfte daraufsetzen.

Register der Rezepte

A
Antipasto mit Karottencreme, Auberginen und Zucchini 23
Apéro Dreierlei 162
Apfelstrudel »auf Urlaub in Sizilien« mit Lagreinwaffel, Apfel-Joghurt-Creme, Walnussgranita, Rosinenstreuseln und Blumenbaiser 110
Apfeltarte 40
Apfeltorte 128

B
Baba Ganoush 141
Bauernbrot, Vinschger 60
Brennnesselrisotto und geschmorte Zwiebelcreme 83
Buchweizenpopcorn mit Hollersirup und karamellisiertem Apfel 57
Buchweizensalat mit Granny-Smith-Sorbet und Zwetschgenröster 98
Bunter Salatteller mit Mangold und fruchtigem Dressing 150
Burger, veganer, mit Knoblauchsauce 176

C
Carnaroli-Reis mit Blaubeeren und Eichenmoos 120
Couscous Veggie 145
Crema di Zucca – eine Aromensymphonie in sechs Variationen 117

D
Duett Kürbis – Kastanie 36

E
Easy Schokomousse 126

F
Focaccia mit Tomaten 62

G
Gazpacho von der Tomate, Hirse, Ofensellerie, Zitronenverbeneöl 66
Geeister Kopfsalat 94
Gelbes Gemüse-Curry mit Kurkuma 152
Gemüse-Pizza, vegane 174
Gerstenrisottino mit Bunter Bete und Brennnesselschaum 53
Gerstotto mit Schmorzwiebeln, Apfel, Pfifferlingen und Petersilienpesto 68

H
Himbeermousse und Birnenkompott mit Schoko-Nuss-Bruch und Cassis-Sorbet 123
Humus 139

K
Karotte – Fregola sarda – Zitronentagetes 90
Kartoffel-Steinpilz-Schlutzer in Bachkressesüppchen 51
Kartoffelblattln mit gedünstetem Weißkohl 167
»Käse-Sahne«-Torte 134
Kastaniencreme, Birne, Sauerklee und gebackene Schokolade 74
Kichererbsen-Burger mit Zwiebelkonfitüre und Ofenpommes 29
Kopfsalat, geeister 94
Kräuterknödel auf Champignonsauce 27
Kürbis – Kastanie, Duett 36

L
Lebkuchen-Bratapfel-Kuchen 156

M
Melonencocktail mit marinierten Gurkenperlen und Austernkraut 115

N
Niggilan, vegane 42

P
Palabirnen-Pannacotta, gegrilltes Pfirsich-Chutney und Nuss-Reduktion 87
Pain perdu mit veganem Jus, Roter Bete, Schwarzwurzeln und Almkräuter-Dressing 72
Pan Brioche mit schwarzen Linsen aus der Provinz Enna 96
Pizza-Grundteig 172
Polenta & Pilze mit Radicchio, Topinambur, roten Früchten und Kiefernharzöl 102
Polentacremesuppe 25
Portwein-Feigen-Kuchen mit Zartbitterschokoladenmousse 154
Potpourri von Südtiroler Wurzelgemüsen – eine Ratatouille mit einer Wildkräuter-Salsa verde 119

R
Raritätentomaten-Gazpacho mit Schwarzwurzel und Liebstöckel 79
Rote Culurgiones alla Parmigiana mit Auberginen, Sauce von gelben Kirschtomaten, falscher »Cacio-Pepe«-Sauce und Basilikum 108
Rote-Bete-Taschen und Apfel-Kaltschale mit Senf 92

S
Salatteller, bunter, mit gedünstetem Mangold und fruchtigem Dressing 150
Sauerkrautravioli mit Kürbis-Amaretto-Creme, Preiselbeeren und Thymianöl 70
Schokomousse, easy 126
Spinatknödel 165
Südtiroler Schlutzkrapfen 34
Südtiroler Suppe mit Kartoffeln, Weißkohl, Pumpernickel, geräuchertem Buchweizen und Bärlauchpulver 104
Südtiroler Urgemüse-Pakora auf Rote-Bete-Carpaccio 85
Süße Villanderer Krapfen 169

T
Taboulé 143
Tagliolini mit Grano arso, Kürbiscreme, marinierter Paprika, geräucherten Mandeln, Confit-Tomaten und kandierter Zitrone 106
Tomatengazpacho mit Hanftortilla und Kapuzinerpesto 49

U
Umm Ali 147
Urgemüse-Pakora, Südtiroler, auf Rote-Bete-Carpaccio 85

V
Vanille-Zitronen- & Schoko-Orangen-Muffins 130
Vegane Gemüse-Pizza 174
Vegane Niggilan 42
Veganer Burger mit Knoblauchsauce 176
Villanderer Krapfen, süße 169
Vinschger Bauernbrot 60

Verzeichnis der Adressen

W
Winterteller, Omas   38
Wurzelgemüsepralinen im Bergkräutermantel mit falscher Buttermilch   55

Z
Zitronen-Kokos-»Pannacotta««   132
Zucchini-Basilikum-Lasagne mit Kirschtomaten-Confit und gepufftem Buchweizen   81
Zucchiniröllchen mit Pfifferling-Kartoffel-Füllung   47
Zwetschgenknödel   31

Biohotel Steineggerhof
Familie Resch
Bühlweg 14
39053 Steinegg
Tel. +39 0471 376573
www.steineggerhof.com

Hotel Gasthof Saalerwirt
Familie Tauber
Saalen 4
39030 St. Lorenzen
Tel. +39 0474 403147
www.saalerwirt.com

Natur Hotel Rainer
Hannes Rainer
Jaufental/Mittertal 48
39040 Ratschings
Tel. +39 0472 765355
www.hotel-rainer.it

Bäckerei Grandi
Johann Grandi
Bindergasse 18
39100 Bozen
Tel. +39 0471 978143
baeckerei.grandi@brennercom.net

Sternerestaurant 1908
im Parkhotel Holzner
Stephan Zippl
Dorf 18
39054 Oberbozen/Ritten
Tel. +39 0471 345231
www.parkhotel-holzner.com

Gourmet-Restaurant Johannesstube
im Hotel Engel Gourmet & Spa
Theodor Falser
Gummerer Straße 3
39056 Welschnofen
Tel. +39 0471 613131
www.hotel-engel.com
www.falserculinaria.com

Gourmet-Restaurant Prezioso
im Relais & Chateaux Hotel
Castel Fragsburg
Egon Heiss
Fragsburger Straße 3
39012 Meran
Tel. +39 0473 244071
www.fragsburg.com

Vegan Hotel La Vimea
Familie Caldarelli Spögler
August-Kleeberg-Straße 7
39025 Naturns
Tel. +39 0473 055035
www.lavimea.com

Landesberufsschule für das Gast- und Nahrungsmittelgewerbe Emma Hellenstainer
Armin Mairhofer & Artur Widmann
Fischzuchtweg 9
39042 Brixen
Tel. +39 0472 273800
www.hellenstainer.berufsschule.it

Prunner Luxury Suites
Julia Rauch
Schennaerstraße 22
39017 Schenna
Tel. +39 0473 861610
www.prunner-luxury-suites.com

Humus Das Bio Bistro
Mohamed Madu Hussien
Silbergasse 16 D
39100 Bozen
Tel. +39 0471 971961
www.humus-bistro.com

L'insalatina Saladbar
Markus Stocker
Laubengasse 242 H – Pobitzergalerie
39012 Meran
Tel. +39 338 1725780
www.insalatina.com

Weingut Röck
Familie Augschöll
St. Valentin 22
39040 Villanders
Tel. +39 0472 847 130
www.roeck.bz

Pizzeria Central
Daniel Baur
Meranerstraße 40
39018 Vilpian
Tel. +39 371 4690685
www.pizzeria-central.com

(Sortierung in der Reihenfolge der Nennung im Buch)

Making-of

ÜBER DEN AUTOR

Herbert Taschler, Südtiroler Autor und Fachpublizist, bereist seit Jahren die italienische Halbinsel von Norden nach Süden und beobachtet dabei vor allem die Wein- und Gastronomieszene sehr aufmerksam. Er schreibt für verschiedene Medien, unter anderen für den »Gambero Rosso«, Italiens tonangebenden Wein- und Restaurantführer. Im Christian Verlag sind neben zahlreichen Reisebüchern unter anderen – gemeinsam mit Fotograf Udo Bernhart – die Kochbücher »La cucina sarda«, »Südtirol – Die junge Bergküche« sowie »Weihnachten in den Alpen« erschienen.

ÜBER DEN FOTOGRAFEN

Udo Bernhart arbeitet seit mehr als 40 Jahren als freier Fotograf und Fotojournalist. Im Vinschgau aufgewachsen und Südtirol immer noch eng verbunden, führten ihn Aufträge in die ganze Welt: Feuerland, China, Alaska, Mongolei, Kamtschatka, Neuseeland …

Seine Aufnahmen sind in deutschen sowie internationalen Magazinen erschienen. Er hat zahlreiche Fotoreportagen und mehr als 150 Bildbände veröffentlicht. Darunter sind auch einige Kochbücher zum Thema Südtirol. So hat er zwei Kochbücher mit Südtirols einzigem Dreisternekoch Norbert Niederkofler veröffentlicht. Im Christian Verlag sind erschienen: »Südtirol – Die junge Bergküche«, »Weihnachten in den Alpen«, »Das neue Südtirol« mit Otto Geisel und »Südtirol – Fine & Fancy« mit Thomas Ortler.

Impressum

Verantwortlich: Sonya Mayer
Texte und Adaption der Rezepte: Herbert Taschler
Fotografie: Udo Bernhart
Redaktion: Annerose Sieck
Korrektorat: Judith Bingel
Umschlaggestaltung: Regina Degenkolbe
Design & Layout: Helen Garner, Art und Weise
Repro: LUDWIG:media
Herstellung: Julia Hegele

Printed in Poland by CGS Printing.

Bildnachweis
Alle Fotografien des Umschlags und des Innenteils stammen von Udo Bernhart.

Sind Sie mit diesem Titel zufrieden? Dann würden wir uns über Ihre Weiterempfehlung freuen. Erzählen Sie es im Freundeskreis, berichten Sie Ihrem Buchhändler oder bewerten Sie bei Onlinekauf. Und wenn Sie Kritik, Korrekturen, Aktualisierungen haben, freuen wir uns über Ihre Nachricht an: Christian Verlag, Postfach 40 02 09, D-80702 München oder per E-Mail an lektorat@verlagshaus.de

Unser komplettes Programm finden Sie unter:

Alle Angaben dieses Werkes wurden vom Autor sorgfältig recherchiert und auf den neuesten Stand gebracht sowie vom Verlag geprüft. Für die Richtigkeit der Angaben kann jedoch keine Haftung übernommen werden, weshalb die Nutzung auf eigene Gefahr erfolgt. Sollte dieses Werk Links auf Webseiten Dritter enthalten, so machen wir uns die Inhalte nicht zu eigen und übernehmen für die Inhalte keine Haftung.

In diesem Buch wird aus Gründen der besseren Lesbarkeit das generische Maskulinum verwendet. Weibliche und anderweitige Geschlechteridentitäten werden dabei ausdrücklich mitgemeint, soweit es für die Aussage erforderlich ist.

Die Deutsche Nationalbibliothek verzeichnet diese Publikation in der Deutschen Nationalbibliografie; detaillierte bibliografische Daten sind im Internet über http://dnb.d-nb.de abrufbar.

Copyright © 2023
Christian Verlag GmbH, Infanteriestraße 11 a, 80797 München

Alle Rechte vorbehalten.

ISBN 978-3-95961-785-7

Ebenfalls erhältlich ...

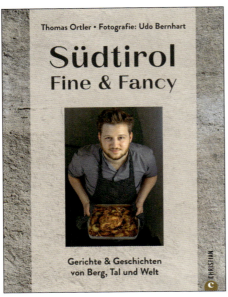

ISBN 978-3-95961-731-4

ISBN 978-3-95961-553-2

ISBN 978-3-95961-800-7

ISBN 978-3-95961-777-2

www.christian-verlag.de